Les

Enseignements maritimes
de la guerre anti-germanique

DU MÊME AUTEUR

L'ESPRIT DE LA GUERRE NAVALE

Tome I : La stratégie.
Tome II : La tactique.
Tome III : L'organisation des forces.

LA LUTTE POUR L'EMPIRE DE LA MER

Les leçons de la guerre russo-japonaise.

En préparation

L'ACTION MARITIME

pendant la guerre anti-germanique.

Contre-Amiral DAVELUY

Les
ENSEIGNEMENTS
maritimes
de la
Guerre anti-germanique

PARIS

Augustin CHALLAMEL, Éditeur

17, Rue Jacob

Librairie Maritime & Coloniale

—

1919

INDEX

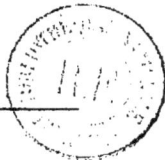

AVANT-PROPOS

L'intention de l'auteur était de publier d'abord les
événements maritimes de la grande guerre et de les
faire suivre de conclusions. Mais, en raison de la lon-
gueur des hostilités, l'action maritime pendant la
guerre anti-germanique constituera un ouvrage volu-
mineux dont la publication est retardée par des difficultés d'exécution. Il a donc paru préférable de publier
immédiatement les *enseignements de la guerre*. Cette
solution n'a pas paru présenter d'inconvénients. D'une
part les faits sont si récents que, dans leurs grandes
lignes, ils sont encore présents à la mémoire ; d'autre
part, le présent opuscule ne contient que des conclusions d'ordre général.

On a conservé à cette étude la même caractéristique
qu'à nos précédents travaux ; c'est-à-dire qu'on s'est
attaché à juger les choses d'un point de vue objectif,
en vue de rechercher une ligne de conduite pour
l'avenir. L'histoire subjective de la guerre maritime
reste à faire. Nous ne méconnaissons pas l'intérêt
qu'elle eût présenté ; mais nous ne disposons pas des
éléments nécessaires pour entreprendre un travail de
ce genre.

R. D.

LES ENSEIGNEMENTS MARITIMES

DE LA

GUERRE ANTI-GERMANIQUE

CHAPITRE I

CARACTÈRE DE LA GUERRE

Sur mer, aussi bien que sur terre, la guerre a eu un caractère déconcertant. Elle a été faite avec un matériel très différent de celui qui avait été construit à grands frais ; et pendant les hostilités il fallut créer un matériel nouveau. Pareil fait ne s'était encore jamais produit dans l'histoire.

Quels étaient les instruments qui avaient été préparés pour faire la guerre navale ? C'étaient tout d'abord les cuirassés dont l'action devait être prépondérante ; autour d'eux devaient graviter des croiseurs légers et des flottilles de torpilleurs qui s'appuieraient, pour agir, sur la protection des escadres. Quant aux sous-marins, leur efficacité restait problématique et l'Allemagne, en particulier, avait alors si peu confiance en eux que, de toutes les puissances maritimes, c'est elle qui avait donné à ce type de navire le moindre développement. Qu'est-il arrivé ? Les cuirassés, au lieu de tenir la mer, s'enfermèrent à l'intérieur des rades et la seule grande bataille navale dans laquelle ils soient intervenus ne pesa d'aucun poids sur les événements. Les bâtiments légers et les flottilles de torpilleurs eurent un rôle beaucoup plus actif ; les uns et les autres prirent une part incessante aux opérations et furent constamment sur la brèche, mais ce fut dans des conditions très différentes de celles qui avaient été prévues et ni les uns ni les autres n'étaient bien appropriés à la tâche que les circonstances leur imposèrent. En fait, la guerre navale a été faite : à la surface de la mer par une multitude de bâtiments légers dont la majeure partie étaient des bateaux de pêche transformés en navires de guerre et armés tant bien que mal ; sous l'eau, avec des sous-marins d'un modèle nouveau et très différents de ceux qui existaient au début de la guerre ; dans les airs, par une aviation qu'il fallut créer. Quant aux cuirassés, ils ne jouèrent qu'un rôle préventif.

Cette transformation du matériel n'est pas la seule anomalie qu'ait présentée ce singulier conflit.

Tout le long de notre littoral on peut voir les restes de petits forts construits sur un modèle uniforme et qui étaient destinés à protéger les côtes contre les incursions des navires ennemis. Depuis longtemps déjà ces forts avaient été désarmés et les constructions tombent en ruines ; l'augmentation de puissance et de portée de l'artillerie des navires avait rendu inefficaces des batteries côtières isolées et armées de petites pièces ; la protection du littoral n'existait plus que dans le voisinage des grandes villes où elle était assurée par de puissantes batteries constituant un système complet de défense. Et voilà que, au milieu de la guerre, on dut revenir à l'ancien système de défense des côtes pour tenir en respect les sous-marins, et multiplier tout le long du littoral des batteries isolées, armées de pièces de petit calibre ; en même temps, on envoyait sur le front terrestre la plus grande partie des pièces de gros calibre qui défendaient le front de mer des places maritimes.

On revint également à des méthodes abandonnées en armant les bâtiments de commerce. On sait que, au xviie et au xviiie siècles, les grands bâtiments de commerce portaient de l'artillerie pour se défendre contre les corsaires et les petits croiseurs. La suppression de la course et l'augmentation de puissance des croiseurs (conséquence de la progression des tonnages) firent renoncer complètement à l'armement des bâtiments de commerce ; mais il fallut bien y revenir pendant la guerre pour ne pas laisser de beaux navires à la merci des sous-marins, qui se livraient à un genre de guerre analogue à celui des anciens corsaires.

En résumé, aussi bien au point de vue du matériel que des méthodes, les puissances maritimes se trouvèrent en défaut ; elles avaient dépensé des sommes énormes pour construire des bâtiments qui ne purent être utilisés que d'une façon imparfaite et elles durent revenir à d'anciens procédés qu'on croyait abandonnés définitivement.

Maintenant qu'il faut substituer à notre marine improvisée des moyens mieux appropriés aux conditions de la guerre, on ne doit pas perdre de vue ces particularités ; mais, dans ses grandes lignes, le caractère de la guerre navale ne s'est pas modifié ; ce sont les moyens qui ont changé. Il est aisé de prouver cette assertion.

La mer est le champ de bataille du marin, tout comme la terre est le champ de bataille du soldat ; ce qui différencie la guerre navale de la guerre terrestre, c'est que la mer est un terrain banal ; elle n'appartient à personne ou plutôt elle appartient à tout le monde. En raison de son caractère collectif, personne ne peut s'en emparer et la conserver pour son usage exclusif, comme un territoire ; ce serait d'ailleurs une tâche malaisée. *La mer est avant tout une voie de communication.* Elle relie entre eux les divers continents ; elle sert de trait d'union entre la métropole et les colonies. Celui des belligérants qui conserve ses communications maritimes a la faculté de continuer ses transactions commerciales et d'acheter aux pays neutres les denrées et les matières nécessaires pour alimenter et approvisionner les armées. Il a aussi le pouvoir de transporter des troupes pour attaquer les colonies ennemies et envoyer des secours aux alliés dont il est séparé par la mer. Au contraire, perdre ses communications maritimes, c'est être isolé d'une partie du monde et se trouver dans l'impossibilité de défendre ses colonies.

Le principal but de toute guerre maritime consiste donc à conserver pour soi la liberté des voies maritimes, et à l'enlever à l'ennemi. Le reste compte peu ou compte moins. Le reste, ce sont les bombardements et les incursions contre les côtes ennemies. Or, pour beaucoup de gens, ces opérations secondaires constituent l'essence même de la guerre navale, parce que ce genre d'action intéresse plus directement les populations civiles ; mais ceux qui connaissent l'histoire maritime savent qu'elles n'ont qu'une faible portée et qu'on ne les entreprend le plus souvent que lorsqu'on ne sait quoi faire. Les expressions que l'on rencontre si souvent dans les ouvrages maritimes de : *maîtrise de la mer, commandement de la mer, empire de la mer,* n'ont pas d'autre signification que celle-ci : rester seul à disposer des routes maritimes.

Pour réaliser cet objectif, il n'y a pas d'autre moyen que d'occuper la mer avec des vaisseaux de guerre pour en chasser l'ennemi. Si celui-ci conteste cette suprématie que l'on prétend s'arroger, s'il veut conserver ses transactions maritimes, il fera, lui aussi, sortir ses navires pour disputer le terrain ; il y aura *bataille*. La lutte ainsi engagée se poursuivra jusqu'à ce que l'un des adversaires, réduit à l'impuissance, soit obligé à abandonner définitivement la lutte. Mais il pourra se faire que l'un des deux partis ait une telle infériorité qu'il ne veuille pas risquer ses escadres dans des rencontres dont le résultat serait désastreux pour lui ; il conservera alors ses gros vaisseaux dans les ports et il se bornera à faire la guerre de partisans pour inquiéter les voies maritimes dont il ne peut se servir pour lui-même. Dans ce cas, il n'y aura pas *bataille rangée* ; la guerre ne donnera lieu qu'à des rencontres partielles. Tandis que les cuirassés du plus faible resteront à l'abri, ses croiseurs s'efforceront de couler les bâtiments de commerce de l'ennemi. Tel a bien été le caractère de la guerre navale pendant l'année 1914 et le premier semestre de 1915, c'est-à-dire tant que les conditions de la guerre ne furent pas modifiées par les sous-marins.

Lorsqu'on est pénétré de cette situation, l'action maritime des Alliés pendant les deux premières années de la guerre s'explique naturellement. En effet, le second cas que nous avons envisagé est celui qui s'est produit. L'Allemagne et l'Autriche ont renoncé de parti pris, dès l'ouverture des hostilités, à disputer le terrain maritime ; les Alliés l'occupèrent. Il leur appartenait ensuite de le conserver et de l'exploiter. Leurs escadres eurent donc pour mission de surveiller les escadres ennemies : la *grande flotte* anglaise s'établit dans le Nord de l'Écosse, et aux Orcades, tandis que l'armée navale française commençait sa croisière ininterrompue de dix mois dans la mer Ionienne. Pendant ce temps, aux croiseurs incomba le soin de pourchasser les corsaires ennemis et ils sillonnent toutes les mers du globe. Enfin des croisières commerciales arrêtent au passage la contrebande de guerre. Comme contre-partie, tout l'effort allemand tendit à couper les voies maritimes avec des croiseurs. On doit maintenant comprendre pourquoi, devant des objectifs aussi importants, les autres considérations se soient effacées. Cependant, pour donner une légère satisfaction à l'opinion plutôt que par nécessité militaire, on a tenté quelques petites opérations, aussi bien dans la mer du Nord que dans l'Adriatique ; mais elles furent vite abandonnées pour en revenir aux deux seuls objets dignes d'intérêt, à savoir : pour les Alliés, dégager la mer ; pour les Austro-Germains, couper les voies de communication.

Le résultat de ces deux actions réciproques fut que, dans les premiers mois de 1915, les croiseurs ennemis avaient été successivement coulés. Les Alliés pouvaient donc escompter la maîtrise absolue des mers, lorsque, par suite de l'application de l'arme sous-marine à la guerre commerciale, les opérations maritimes reprirent une activité nouvelle avec des moyens nouveaux. Aux croiseurs se substituent les sous-marins qui forcent les cuirassés à se barricader sur les rades ; pour continuer à occuper la mer, les Alliés sont obligés de mettre en ligne une nuée de bâtiments de flottille. On voit donc que, pendant cette deuxième phase, la guerre navale a conservé le même caractère, c'est-à-dire que la préoccupation dominante des Alliés resta de balayer incessamment, inlassablement la mer pour en chasser l'ennemi et permettre aux transports de troupes et aux bâtiments de commerce de naviguer, tandis que les ennemis attaquaient avec des sous-marins les voies de communication qu'ils avaient attaquées précédemment avec des croiseurs. Cette seconde phase de la guerre fut beaucoup moins favorable aux Alliés parce que, pris au dépourvu, ils ne purent tout d'abord opposer aux sous-marins des moyens de protection appropriés à la situation et aussi parce que, par sa nature même, le sous-marin est très difficile à détruire. Personne n'avait imaginé que les Allemands couleraient en haute mer des navires marchands en abandonnant les équipages et les passagers à la merci des flots dans des embarcations ; on avait encore moins soupçonné qu'ils oseraient couler par surprise des paquebots comme le *Lusitania*, vouant ainsi à une mort certaine des non-belligérants.

On sait que les sous-marins ennemis infligèrent aux Alliés des pertes colossales qu'on n'aurait jamais osé envisager avant la guerre[1]. Au plus fort de ce nouveau genre de guerre, les journaux ne cessèrent d'affirmer que nous avions conservé l'empire de la mer ; en réalité il n'en était rien. On ne peut prétendre posséder la liberté de la mer lorsque l'ennemi est en mesure d'envoyer au fond de l'eau des millions de tonnes de marchandises, lorsque les escadres manquent de charbon par suite de l'insécurité des routes maritimes ; mais nous pouvons nous targuer d'avoir eu sur nos ennemis une supériorité certaine puisque nos transactions mari-

1. Plus de 14 millions de tonnes furent coulées.

times n'ont jamais été interrompues tandis que celles des Austro-Germains ont été complètement arrêtées, sauf dans la Baltique. Jamais nos ennemis n'ont pu empêcher les Alliés de se ravitailler et de recevoir des renforts ; mais ils ont diminué d'une façon très sensible les avantages que nous attendions de la mer et ils ont englouti des richesses dont la perte se fait durement sentir.

Ce qui est curieux, c'est que le public ne commença à se rendre compte de l'utilité de la marine qu'à partir du moment où la supériorité des Alliés sur mer fut mise en échec, tandis qu'on suspectait cette utilité lorsque cette même marine avait, au début de la guerre, assuré d'une façon presque absolue la liberté des transactions, et, dans la Méditerranée où ne pénétrèrent pas les croiseurs ennemis, cette liberté avait été complète. Tant que la navigation fut sûre, l'opinion ne se rendit pas compte que ce résultat n'était dû qu'à la supériorité maritime des Alliés ; il fallût des mécomptes pour réconcilier l'opinion avec la marine. Cette particularité s'explique sans doute par le fait que c'est alors seulement qu'on put apprécier l'importance des transactions maritimes et la difficulté de les garantir.

En définitive, quels furent les résultats d'ensemble de la guerre maritime ?

Pendant toute la durée des hostilités, les ports de France, d'Angleterre, d'Italie n'ont cessé de recevoir des bâtiments chargés de tout ce qui était nécessaire pour alimenter la guerre. Jusqu'en 1916, l'afflux des marchandises de toute espèce fut si considérable que le mouvement commercial des grands ports de la France fut plus important que pendant la paix. Nous avons reçu ainsi des grains, du minerai de cuivre et de fer, des milliers d'automobiles et de cuisines roulantes, des centaines de milliers de kilomètres de fil de fer barbelé, et des fusils et des mitrailleuses, sans compter le charbon, le nitrate, le riz, les viandes congelées, etc..., etc... En même temps que les Alliés recevaient des denrées et des approvisionnements, les transports portaient des troupes dans toutes les parties du monde ; au milieu de 1918, 20 millions d'hommes avaient été transportés par mer, ainsi que 2 millions de chevaux et 110 millions de tonnes d'approvisionnement. D'Angleterre, du Canada, d'Australie, des troupes vinrent combattre en France ; d'Angleterre et de France des soldats furent envoyés aux Dardanelles et à Salonique ; de l'Inde sont partis des centaines de milliers d'hommes pour l'Egypte, les Dardanelles, la Mésopotamie, l'Afrique orientale ; toutes les colonies anglaises ont envoyé des troupes en Europe pour seconder la mère patrie ; de plus l'Australie et la Nouvelle-Zélande en ont fourni pour la conquête des possessions allemandes de l'Océanie. Cette énumération est encore incomplète, car on s'est aussi servi de la mer pour conquérir le Cameroun et le Sud-Ouest africain. Enfin, au plus fort de la campagne sous-marine, les Etats-Unis commencèrent l'envoi en France d'une armée de plusieurs millions de soldats, avec tout son matériel et ses approvisionnements.

Voilà le bénéfice que les Alliés tirèrent de la mer. Ceux qui, au début de la guerre, disaient que la marine ne servait à rien auraient-ils consenti à priver délibérément la France de minerai pour faire des projectiles et des canons, de nitrate pour confectionner des explosifs, de charbon pour assurer les transports, de grains pour nourrir les hommes et les chevaux ? Non, sans doute. Eh bien ! Ceux-là doivent se dire que nous aurions été privés de tout cet appoint indispensable si nous n'avions pas pu maintenir, à l'aide de la marine, les transactions maritimes.

Voyons maintenant quelle fut la situation de nos ennemis. Le commerce maritime de l'Allemagne et de l'Autriche se trouva subitement arrêté ; le pavillon commercial de ces deux nations disparut de la surface de la mer. Elles tentèrent alors d'avoir recours au commerce neutre, mais les croisières commerciales interceptèrent la plus grande partie des marchandises qui essayaient de passer par la Suède, la Norvège, le Danemark et la Hollande. Toutes les colonies de l'Allemagne furent successivement conquises sans qu'elle fut capable d'envoyer un seul homme pour les secourir. Ne pouvant plus se servir de la mer comme moyen de transport, nos ennemis se donnèrent pour objectif de contrarier l'usage que nous en faisions. Dans cet ordre d'idées, ils obtinrent des résultats très sérieux et on se demande ce qui serait advenu si les Alliés n'avaient pas disposé de ressources immenses qui leur ont permis de remplacer partiellement le tonnage perdu. Les Alle mands ont réussi à nous imposer des privations ; ils ont englouti des richesses énormes, mais ils ne nous ont pas vaincus sur mer.

La question qui se pose maintenant est donc de savoir comment nous aurions pu tirer de nos forces navales un meilleur rendement afin de bénéficier dans une plus large mesure et à meilleur compte de notre supériorité maritime. En définitive quelles doivent être désormais la nature et la composition des forces navales ?

Certains proposent une solution radicale. Ils tiennent le raisonnement suivant : puisque les sous-marins ont forcé les cuirassés à évacuer la mer, puisque c'est presque uniquement avec les sous-marins que les Austro-Germains ont coulé aux Alliés des milliers de navires et envoyé au fond de la mer des millions de tonnes de matières, l'instrument de la guerre navale est le sous-marin et il ne faut plus désormais que des bâtiments de cette espèce.

Que le sous-marin soit un merveilleux engin de destruction, on ne le conteste pas et nous n'aurons garde de nous priver de ses services. Que le sous-marin ait modifié, non le caractère, mais les conditions de la guerre navale et ait permis aux Allemands de ne pas s'effacer complètement devant la supériorité écrasante des Alliés, on ne songe pas non plus à le nier. Mais est-il certain qu'il ait eu la supériorité sur les bâtiments de surface et ne serait-il pas dangereux de confier uniquement nos destinées maritimes aux sous-marins? Cette question est trop grave pour qu'on ne l'étudie pas sous toutes ses faces.

Nos ennemis avaient, comme les Alliés, des bâtiments de guerre de toutes les catégories, mais ils n'ont guère fait agir que leurs sous-marins ; ou, tout au moins, c'est avec leurs seuls sous-marins qu'ils ont obtenu sur mer des résultats appréciables. Cependant, tout en infligeant aux Alliés des pertes énormes, ils ne sont pas parvenus à arrêter leurs transactions maritimes ; le mouvement des ports n'a pas été arrêté.

Les Alliés, au contraire, ont fait la guerre principalement avec des bâtiments de surface ; leurs sous-marins n'ont obtenu que des succès locaux (dans la mer de Marmara, en particulier) et pendant de courtes périodes ; ils n'auraient pas fait agir un seul sous-marin que la situation n'eût pas été modifiée. Ce sont leurs bâtiments de surface qui ont assuré la protection du commerce, soit directement en escortant les convois, soit indirectement en paralysant les escadres ennemies ; ce sont eux qui ont complètement arrêté les transactions maritimes de l'Allemagne, de l'Autriche et de la Turquie. Ce n'est donc pas le sous-marin qui sort vainqueur de la guerre ; c'est bien le bâtiment de surface.

Les Alliés ont fait des pertes énormes dans leur commerce ; mais ils avaient une navigation commerciale intense. Les Austro-Germains n'ont fait sur mer que des pertes insignifiantes ; mais, comme ils avaient renoncé à faire naviguer leur pavillon marchand, les

Alliés ne pouvaient attaquer sur mer des bâtiments de commerce qui ne se hasardaient pas à sortir du port.

La situation maritime des Alliés, qui n'ont pas fait la guerre avec leurs sous-marins, a donc été infiniment supérieure à celle des Austro-Germains, qui n'ont fait agir que leurs sous-marins.

Il résulte de ces considérations que la nation qui confierait exclusivement ses destinées maritimes aux sous-marins s'exposerait à se trouver vis-à-vis de ses ennemis éventuels dans la situation où la coalition germanique a été vis-à vis des puissances de l'Entente ; c'est-à-dire qu'elle conserverait la ressource d'infliger de grosses pertes à l'ennemi, mais elle renoncerait pour soi-même à continuer pendant la guerre ses transactions maritimes. Or nous ne nous lasserons pas de le répéter : l'objectif, sur mer, est *avant tout* de conserver les voies de communication.

Voilà pourquoi, en l'état actuel des choses, la puissance navale ne peut pas être confiée uniquement aux sous-marins, lorsque l'on peut escompter la supériorité absolue sur mer.

Si, remontant des effets aux causes, nous cherchons à déterminer les raisons qui n'ont pas permis aux sous-marins de donner à nos ennemis la liberté de la mer, même partiellement, nous constaterons qu'elles tiennent au faible rendement de ces bâtiments.

Le sous-marin est un engin de destruction admirable parce que — fait unique dans l'histoire — il n'est pas soumis à la loi du nombre en raison de son invisibilité ;

une seule unité de faible tonnage peut s'attaquer aux forces ennemies, quelles que soient leur nombre et leur puissance. Mais, en revanche, le sous-marin a un faible rendement : dès qu'il revient à la surface, il a peu de puissance et est très vulnérable ; quand il opère en plongée, il n'a qu'une faiblesse vitesse, en sorte qu'il ne peut attaquer que s'il se trouve sur la route de son objectif. Deux attaques qui se sont produites dans la mer du Nord, dans les derniers mois de 1917, ont mis en relief la supériorité de rendement des bâtiments de surface par rapport aux sous-marins. Le 12 octobre et le 12 décembre, les Allemands attaquèrent avec des croiseurs légers des convois escortés par des torpilleurs anglais ; dans le premier cas, ils coulèrent 9 bâtiments sur 12[1] ; dans le second cas, tous les bâtiments du convoi furent coulés. Au même moment, c'est presque journellement que les sous-marins ennemis attaquaient des convois, mais rarement ils réussirent à atteindre et à couler plus d'un seul navire. Et que de fois des bâtiments ont passé en vue d'un sous-marin en plongée sans qu'il fût en position de les attaquer !

Le rendement du sous-marin est également affecté par le fait qu'il n'est pas apte à satisfaire à toutes les nécessités de la guerre ; en particulier il est impropre au service de protection des navires de commerce.

Dans la composition d'une flotte, il faut donc des sous-marins, mais aussi des bâtiments de surface. En

1. Une autre version disait que les 12 navires avaient été coulés.

définitive, c'est avec ces derniers que les Alliés ont assuré leurs transactions maritimes, non seulement contre les sous-marins, mais aussi contre les bâtiments de surface de l'ennemi. Sans la grande supériorité qu'avaient les Alliés en bâtiments de surface, la navigation commerciale eût été impossible.

Mais quels seront désormais les bâtiments de surface ? Seront-ils de plusieurs catégories ? Et les sous-marins, quelles seront leurs caractéristiques ?

Pour répondre à ces différentes questions, il faut se rappeler le rôle qu'a joué pendant la guerre chaque catégorie de navire ; et nous en déduirons l'efficacité et aussi l'utilité de chacune de ces catégories.

CHAPITRE II

L'AVENIR DU CUIRASSÉ

La guerre nous a offert un spectacle imprévu. L'Angleterre, la France, la Russie, l'Italie, l'Allemagne, l'Autriche avaient consacré la plus grosse part de leurs ressources maritimes à construire des cuirassés qui leur ont coûté très cher et ce sont ces bâtiments qui ont joué le rôle le plus effacé. Pour les faire intervenir, il a fallu attaquer avec de vieilles unités démodées les forts des Dardanelles ; mais les bâtiments les plus récents, ceux qui auraient dû porter tout le poids de la guerre, sont ceux qui y ont pris la part la moins active. Tandis que, à la fin de 1914 et au commencement de 1915, les deux meilleures escadres cuirassées de la France faisaient le pied de grue à l'entrée de l'Adriatique sans apercevoir l'ombre d'un cuirassé autrichien, la magnifique flotte de *Dreadnought* de l'Angleterre attendait vainement dans la mer du Nord les escadres allemandes qui n'osèrent relever le défi qu'au milieu de 1916 et n'eurent plus envie de recommencer. Lorsque la marine italienne intervint à son tour, le résultat fut exactement le même.

On est donc en droit de se demander si le règne du cuirassé n'est pas terminé et si l'on ne doit pas le faire disparaître. C'est la question la plus grave qui se pose actuellement dans le domaine maritime, car le cuirassé est le bâtiment le plus coûteux et son prix de revient est aussi élevé que celui de 20 sous-marins. Si les cuirassés ne servent plus à rien, quelle responsabilité n'encourrait pas la puissance qui continuerait à construire des unités de 100 millions dont elle ne tirerait aucun parti !

Quel est donc l'avenir du cuirassé ?

Pour dégager cette inconnue, il faut mettre en parallèle ce que l'on attendait des cuirassés et ce qu'ils ont donné.

Si la guerre s'était déroulée suivant le concept classique, voici ce qui aurait dû se passer dans la mer du Nord. Dès le début des hostilités, les escadres anglaises seraient venues croiser dans les parages d'Helgoland afin de paralyser la flotte allemande qui n'aurait pas pu prendre la mer sans accepter le combat. On est en droit de supposer que celle-ci se serait dérobée en raison de son infériorité. Les croiseurs anglais auraient alors étroitement bloqué les ports allemands sous la protection des cuirassés et auraient arrêté complètement toute transaction maritime, non seulement entre l'Allemagne et les pays neutres, mais même entre les ports allemands.

Les mines et les sous-marins n'ont pas permis de donner à la guerre cette forme classique. Les Allemands semèrent les mines dans la mer du Nord avec une telle prodigalité qu'on ne put songer à y hasarder les cuirassés avant d'avoir déterminé avec précision la position des champs de mines. Puis les sous-marins entrèrent en action ; ils coulèrent successivement le *Pathfinder*, les trois croiseurs-cuirassés *Aboukir*, *Cressy* et *Hogue*, puis le *Hawke*, l'*Hermes*, le *Niger* ; étendant ensuite le champ de leurs opérations, ils pénètrent dans la Manche et coulent le cuirassé *Formidable*. Évidemment, on ne pouvait exposer les *Dreadnought* à subir le sort de ces bâtiments : c'eût été faire le jeu de l'Allemagne. Les cuirassés durent donc renoncer à croiser pour se soustraire aux attaques des sous-marins et ils se barricadèrent dans les rades. Ce faisant, ils abandonnèrent la mer aux entreprises de l'ennemi. Sans doute, ils ne renoncèrent pas complètement à naviguer et la bataille du *Jutland* en est la preuve ; mais ils ne prirent la mer qu'à de longs intervalles, pour faire des sorties de courte durée et en s'entourant de précautions spéciales. Leur rôle était de chasser l'ennemi de la mer ; ils furent incapables de le remplir et l'ennemi vint couler des bâtiments de commerce près des côtes mêmes de l'Angleterre, dans la mer du Nord, la Manche et la mer d'Irlande.

Dans la Méditerranée il en fut à peu près de même. Pendant les premiers mois de la guerre les cuirassés français pénétrèrent fréquemment dans l'Adriatique. Ils le firent d'abord impunément parce que les sous-marins autrichiens étaient alors peu nombreux et qu'ils se montrèrent très maladroits ; mais un beau jour le *Jean-*

Bart fut torpillé. Nos cuirassés devinrent alors plus circonspects. La perte du *Léon-Gambetta,* torpillé et coulé dans la mer Ionienne, révéla l'entrée en service de nouveaux sous-marins à rayon d'action plus étendu ; nous aurions dû alors reculer encore notre ligne de croisière si l'intervention de l'Italie n'avait pas mis un terme à notre action maritime contre l'Autriche.

Les cuirassés italiens recueillirent l'héritage des cuirassés français. Plus heureux que ces derniers, ils avaient à leur disposition une base d'opérations à l'entrée de l'Adriatique ; ils s'y enfermèrent et la situation ne fut pas modifiée.

En définitive, les sous-marins chassèrent les cuirassés français et italiens de l'Adriatique, tout comme ils avaient chassé les *Dreadnought* anglais de la mer du Nord. D'un côté comme de l'autre, le rôle des cuirassés fut passif. Ils avaient été construits pour occuper la mer, pour en chasser l'ennemi et assurer ainsi la protection du commerce ; ils ont failli à cette tâche ; il est impossible de se le dissimuler.

On ne saurait prétendre cependant qu'ils aient été inutiles ; de l'intérieur des rades leur influence s'est fait sentir et a pesé sur les événements.

S'il avait été possible d'avoir une vue perspective des mers qui baignent l'Angleterre, on eût constaté qu'elles étaient toutes mouchetées de points noirs représentant des patrouilleurs, des dragueurs, des convois avec leur escorte ; c'est cette fourmilière qui assurait le ravitaillement des Alliés et alimentait la guerre.

A l'extrême nord, dans les Orcades, on eût aperçu les cuirassés de la grande flotte à l'ancre.

Supposons maintenant que, par suite d'un cataclysme, la grande flotte mouillée à Scapa Flow ait été engloutie. Aussitôt la flotte allemande serait sortie de ses ports ; ses bâtiments légers, soutenus par des divisions cuirassées, auraient eu tôt fait de balayer toutes les petites unités anglaises éparpillées sur la surface de la mer et d'arrêter tous les convois ; en même temps, sur la mer libre, les bâtiments allemands auraient repris leurs transactions avec l'Amérique, puis, après l'intervention des Etats-Unis, avec l'Argentine. Mais la flotte allemande est restée au port parce que, de son repaire de Scapa Flow, la grande flotte la guettait et, tout en restant au mouillage, elle servait de couverture aux bâtiments de commerce qui couvraient les océans et aux bâtiments légers qui assuraient leur protection contre les sous-marins. Et c'est parce que la flotte des bâtiments de surface ne pouvait pas le protéger que le pavillon commercial allemand n'a pas flotté sur la mer. L'efficacité des escadres cuirassées fut donc bien réelle dans le Nord.

En Méditerranée, la situation fut semblable. L'armée navale de l'amiral de Lapeyrère empêcha l'escadre autrichienne de débouquer de l'Adriatique et de venir couper la route Suez-Gibraltar. Après que l'Italie eut déclaré la guerre à l'Autriche, ce rôle de couverture incomba aux escadres italiennes, renforcées d'une division anglaise. L'intervention des cuirassés français ne fut plus alors nécessaire et, dans la dernière phase de

la guerre, ils devinrent complètement inutiles parce
que la menace exercée par l'escadre autrichienne n'existait plus par suite des pertes qu'elle avait éprouvées et
de l'insubordination des équipages. Mais le fait que
l'écrasante supériorité des Alliés eût permis de désarmer
une vingtaine de cuirassés et de croiseurs-cuirassés
français n'infirme en rien les services rendus par les
escadres. Ce sont bien elles qui ont assuré aux Alliés
la suprématie maritime.

Comme ceux des Alliés, les cuirassés allemands et
autrichiens se condamnèrent à la réclusion. Les sous-
marins alliés y furent bien pour quelque chose, mais
ce fut principalement l'infériorité de puissance qui a été
la cause initiale de l'attitude passive qu'ils adoptèrent
dès le début des hostilités. Ce n'est certes pas la première fois dans l'histoire des guerres maritimes que le
parti le plus faible préfère rester au port plutôt que
d'affronter une lutte qui ne lui offrirait aucune chance
de succès. Ce qui est nouveau, c'est que les puissances
maritimes qui avaient une infériorité très marquée ne
furent pas complètement paralysées par le renoncement de leurs bâtiments de combat ; elles purent
substituer à l'action de leurs vaisseaux celle de leurs
sous-marins et elles forcèrent ainsi les escadres des
Alliés à ne prendre la mer qu'avec une extrême circonspection tout en infligeant des pertes énormes au
commerce de leurs ennemis. Mais leurs cuirassés, à
l'encontre de ceux des Alliés, ont été complètement
inutiles et même nuisibles à la cause qu'ils servaient.

Ils ont été inutiles parce qu'ils n'ont pu contrarier aucune des opérations des Alliés. Sans doute, ils ont immobilisé dans leur voisinage les cuirassés ennemis ; mais ce résultat était purement négatif, car le besoin de ces cuirassés ne se faisait pas sentir ailleurs. Les Allemands essayèrent une fois de renverser l'obstacle qui interdisait à leurs bâtiments l'accès de la haute mer ; ils firent sortir leur flotte, mais malgré un succès tactique incontestable, leurs escadres durent rentrer au port. C'était un aveu d'impuissance.

Ils ont été nuisibles en ce sens que la situation navale de nos ennemis eût été certainement meilleure si, au début de la guerre, ils avaient disposé de 300 à 400 sous-marins, à la place de tous leurs cuirassés et croiseurs de combat.

De ces considérations se dégagent les deux conclusions suivantes :

Des bâtiments de combat de surface sont indispensables aux puissances maritimes qui prétendent disputer l'empire de la mer à leurs adversaires éventuels.

Au contraire, les nations qui, par suite de la faiblesse de leurs moyens, sont condamnées sur mer à la défensive ont tout intérêt à consacrer la totalité de leurs ressources à la construction de sous-marins ; elles ne pourraient tirer aucun parti de leurs bâtiments de surface.

Il n'en reste pas moins que les cuirassés, construits pour régner sur les mers, ont été obligés de céder le terrain aux sous-marins et que leur abstention a diminué leur rendement dans des proportions considérables. Les bâtiments ne sont pas faits pour s'enfermer dans des rades, pas plus que les armées pour s'enfermer dans les places fortes. Le péril sous-marin eût été étouffé dans l'œuf si les cuirassés avaient pu tenir la mer. En concentrant dans le voisinage des bases ennemies une partie seulement des moyens de toute nature qui ont été consacrés à la destruction des sous-marins, on eût arrêté ceux-ci dès leur sortie du port. Mais cette concentration ne pouvait avoir lieu qu'à la condition que les petites unités qui mettaient en œuvre ces moyens fussent soutenues immédiatement par les cuirassés. C'est ce soutien qui leur a manqué.

Le cuirassé sous sa forme actuelle ne répond plus aux nécessités de la guerre. Il a de graves défauts. Quels sont-ils ?

Les *Dreadnought* de 24 000 tonnes sont les héritiers directs de l'ancien vaisseau de ligne qui n'avait d'autre arme que le canon. Lorsque les bordés en bois des vaisseaux ne furent plus capables d'arrêter les boulets, on protégea les murailles avec du fer, puis avec de l'acier. C'est la double préoccupation de percer des blindages de plus en plus épais et d'opposer aux obus, des cuirasses de plus en plus résistantes qui a engendré le cuirassé actuel. L'attention des constructeurs était tellement absorbée par cette lutte entre le canon et la cuirasse qu'ils n'attachèrent pas une attention suffisante aux mines et aux torpilles, d'invention récente, et négligèrent de protéger les vaisseaux contre ces engins.

On est arrivé ainsi, sans s'en apercevoir, à avoir

un navire de combat qui est un véritable paradoxe. Alors que l'on affectait des milliers de tonnes à la protection de la flottaison, des œuvres mortes, de l'artillerie, des transmissions, des postes de commandement, on laissait les œuvres vives à la merci d'une explosion sous-marine qui pouvait — à elle seule — provoquer la perte du navire[1]. L'imprévoyance ou l'aveuglement ont été poussés si loin dans cet ordre d'idées que, malgré les enseignements de la guerre russo-japonaise, malgré la catastrophe du *Pétropavlosk,* on a continué à placer les munitions en abord, sans tenir compte qu'une explosion sous-marine pouvait provoquer l'inflammation des soutes à munitions et faire sauter le navire (*Bouvet, Suffren*). On n'a d'ailleurs pas plus pensé aux attaques des sous-marins qu'aux mines et aux torpilles, et aucun cuirassé ne possédait de moyens susceptibles d'atteindre un sous-marin en plongée.

Le défaut capital de nos *Dreadnought* est donc de ne pas être outillés contre la torpille et la mine au même titre que contre le canon et de ne pas être armés contre une attaque de sous-marin. Là est la cause de la réclusion à laquelle ils ont été condamnés et du rôle un peu ridicule qu'ils ont joué.

Ce sont ces lacunes qu'il faut combler pour permettre au bâtiment de combat de tenir la mer et de

1. Exemples : *Danton, Suffren, Bouvet, Gaulois, Léon-Gambetta, Dupetit-Thouars, Kléber* (fr.) ; *Audacious, King-Edward VII, Formidable, Cornwallis, Irresistible, Ocean, Goliath, Triumph, Majestic, Russell, Aboukir, Cressy. Hogue* (angl.) ; etc., etc.

reprendre ainsi sa place dans la composition des flottes.
Est-ce possible ?

On est en droit de penser qu'on serait arrivé à un
résultat appréciable si l'on avait fait pour les œuvres
vives les sacrifices qui ont été consentis pour les œuvres mortes. Mais le problème eût été peut-être résolu
d'une façon plus complète si l'on n'avait pas tenu à
conserver aux navires les formes traditionnelles ; la
solution réside probablement dans l'adoption de formes
toutes différentes. Il y a trente-six ans, on vit entrer
dans la rade de Brest un navire russe, le *Livadia*, qui
ressemblait à une gigantesque carapace de tortue, sur
laquelle on aurait incrusté les œuvres mortes d'un
navire ordinaire ; ce bâtiment filait 15 nœuds, vitesse
considérable pour l'époque. Un vaisseau de ce genre,
excessivement large et calant peu d'eau, offrirait de
grandes facilités pour localiser les effets d'une explosion. On ne préconise pas l'adoption de ce type plutôt
que d'un autre ; ce n'est pas notre affaire. Cet exemple
a seulement pour but de montrer qu'il est possible de
construire des navires n'ayant pas les mêmes lignes
que nos *Dreadnought* dont le tirant d'eau de neuf
mètres et la largeur relativement faible favorisent les
conséquences fatales d'une explosion sous-marine.

Le bâtiment de combat de demain sera-t-il cuirassé ?
C'est probable ; car il aura, comme son prédécesseur,
à se garantir contre l'artillerie ennemie. Aura-t-il un
fort déplacement ? Il n'est pas encore possible de répondre à cette question. Les très gros tonnages résultent

d'une surenchère entre les diverses nations maritimes. Dans cette course désordonnée vers le gigantesque, ce sont les plus puissantes marines qui mènent le train. La marine allemande étant complètement annihilée, il faut attendre les résultats de l'impulsion qui sera donnée par l'Angleterre et les États-Unis. Il n'est d'ailleurs pas certain qu'on ne puisse opposer avec avantage deux ou trois unités moyennes à un seul mastodonte.

Que le futur bâtiment de combat soit cuirassé ou non, qu'il ait un énorme déplacement ou se maintienne dans les tonnages modérés, il devra être doté d'un armement spécial contre les sous-marins : car tout bâtiment de guerre doit être en état d'attaquer ses agresseurs. Cet armement pourrait être composé de nombreux canons légers lançant des obus-torpilles de façon à couvrir la mer d'une pluie d'obus dès que se révélerait le sillage d'une torpille[1]. L'installation de cette artillerie spéciale ne nécessite aucune invention nouvelle ; elle n'exige que la volonté d'aboutir ; on eût pu la réaliser pendant la guerre. Quand bien même ce moyen de défense — ou tout autre — n'aurait pas une efficacité absolue, il n'en constituerait pas moins pour l'ennemi un danger qui le forcera à agir avec circonspection et pourra faire avorter son attaque.

Voilà, nous semble-t-il, les conditions que devra désormais remplir le bâtiment de combat. Quant aux *Dreadnought*, ils ont vécu !

1. Le tir de ces pièces sera facilité par les ballons captifs dont devront être munies à l'avenir toutes les grosses unités.

CHAPITRE III

LA NÉCESSITÉ DES BATIMENTS LÉGERS

Avec les sous-marins, ce sont les bâtiments légers qui ont pris à la guerre la part la plus active. Ils ont tout le temps, et tous, été à la peine. Les uns éclairent les croiseurs de combat de l'amiral Beatty qui ne sort jamais sans être accompagné de la 1re escadre des croiseurs légers ; d'autres servent de chef de groupe aux flottilles de destroyers et de sous-marins ; d'autres encore font des croisières commerciales. Enfin, pendant la première partie de la guerre, il y en avait toute une pléiade qui sillonnait les mers en permanence à la recherche des croiseurs allemands. Si l'on additionnait les milles parcourus pendant la guerre par tous les croiseurs anglais de la classe « Town », on arriverait à un chiffre formidable. Et si l'Angleterre avait pu mettre en ligne un plus grand nombre de bâtiments de cette catégorie, elle les eût employés sans répit, tandis qu'elle n'a pas eu besoin au même degré de bâtiments d'un autre type, de cuirassés par exemple.

Du côté de l'Allemagne, les bâtiments légers de la classe des « Stadt » n'ont pas eu plus de répit. On sait que c'est à eux qu'incomba la lourde tâche de faire la guerre de course. Ceux qui sont restés sur les côtes métropolitaines étaient, comme dans la marine anglaise, attachés à l'escadre des croiseurs de combat et aux divisions de contre-torpilleurs.

A cette activité des bâtiments légers la marine française n'a pas participé pour la raison majeure qu'elle ne possédait aucun bâtiment de l'espèce. Cette lacune, si elle n'a pas pesé sur les événements à cause du grand nombre de bâtiments légers dont disposait la marine anglaise, n'en a pas moins contrarié nos dispositions.

Pour comprendre comment la marine française a pu commettre une faute aussi grossière, il faut reprendre les choses d'un peu haut.

Dans la constitution de notre flotte, nous avons fait une erreur initiale ; c'est à savoir que les bâtiments légers ou croiseurs[1] ne servent qu'à éclairer les escadres. La question de l'éclairage avait fait dans notre marine l'objet d'études méthodiques qui durèrent plusieurs années ; le résultat de ces travaux, sanctionné par des manœuvres, avait donné naissance à une doctrine bien nette que l'on peut résumer ainsi.

Au début de la guerre, les forces navales de chaque belligérant prennent la mer et elles se font précéder à grande distance par des lignes de croiseurs qui ratissent

---

1. Tant que le croiseur-cuirassé n'a pas existé, on n'a pas fait de distinction entre le croiseur et le bâtiment léger.

consciencieusement la surface des flots jusqu'à ce que l'un des râteaux accroche l'autre. Le choc engendre un combat qui permet au vainqueur de pousser jusqu'au corps de bataille ennemi et de déterminer sa force et sa direction. La conséquence de cette conception théorique fut que l'éclairage aboutissait fatalement à un combat et qu'on ne pouvait y consacrer qu'un bâtiment de combat.

Au moment où l'on arriva à cette conclusion catégorique, la marine française possédait un type de navire qu'elle avait créé et qui ne répondait pas à un objet bien précis. C'était le croiseur-cuirassé dont le *Dupuy-de-Lôme* représentait le premier échantillon. On fut tout heureux de s'apercevoir que le croiseur cuirassé et l'éclairage étaient faits l'un pour l'autre, ce qui présentait le double avantage de fournir une position sociale au nouveau bâtiment et de satisfaire à la notion conventionnelle que l'on se faisait de l'éclairage. Du même coup, tous les bâtiments légers qu'on avait construits jusqu'alors furent disqualifiés, parce qu'impuissants. On cessa d'en construire de nouveaux[1]; et parmi ceux qui existaient, on n'en conserva que quelques-uns pour le service des stations navales et en particulier pour la Division navale du Maroc. Les autres furent déclassés.

Quant au croiseur-cuirassé, on s'attacha à le perfectionner et, tout comme le cuirassé, il ne cessa de croître en tonnage et en puissance. On arriva ainsi à

---

1. Le dernier, le *Jurien-de-la-Gravière*, est de 1899.

l'*Edgar-Quinet* et au *Waldeck-Rousseau*[1] dont le premier est de 1908.

Cependant des esprits chagrins — au nombre desquels se rangeait l'auteur — pensaient, disaient et écrivaient que la marine s'engageait dans une voie funeste. « Notre doctrine, disaient-ils, ne repose pas sur une base solide ; son point de départ est faux. Les dernières guerres navales ne nous montrent pas le service de la reconnaissance sous le jour qu'on se plaît à lui donner. Ce n'est que pendant les manœuvres du temps de paix où la donnée du thème est conventionnelle et influencée par la préoccupation de mettre en relief une conception déterminée, que les escadres jouent à colin-maillard sur l'onde liquide. Quand la réalité remplace la fiction, les objectifs se précisent, découlant de la nature même du conflit et des conditions dans lesquelles il est engagé. Le service de la reconnaissance se présente alors sous des formes variées dont les lignes d'éclairage ne sont qu'un cas tout à fait particulier ; il exige plus d'adresse que de force et doit être fait par des bâtiments légers doués d'une grande vitesse. En dehors de la reconnaissance, ce type de bâtiment s'impose parce que la marine a à satisfaire à de multiples obligations qui ne sauraient incomber qu'à des navires auxiliaires ». Comme personne n'est prophète en son pays, ces raisonneurs ne furent pas écoutés et l'on s'en tint au croiseur-cuirassé. C'était

1. *Edgar-Quinet, Waldeck-Rousseau* : 13.644 tonnes ; 23 nœuds ; xiv-19 $^c/m$.

la marine française qui avait inventé ce type de bâtiment et elle avait pour lui des sentiments maternels.

Le premier grand navire de l'espèce, la *Jeanne d'Arc*[1],
avait fait sensation. On l'avait dénommé « lévrier des
mers » et cette épithète sonnait bien. A notre imitation, l'Allemagne, l'Angleterre, la Russie, l'Italie se
mirent à construire des croiseurs-cuirassés qui, d'ailleurs, étaient beaucoup mieux armés que les nôtres.
Mais cet engouement dura peu. Soit qu'on tint compte
des enseignements de la guerre russo-japonaise, soit par
l'effet du raisonnement, les nations maritimes renoncèrent à un type de navire trop faible pour entrer dans la
ligne de bataille, beaucoup trop coûteux pour être multiplié en nombre suffisant ; pas assez rapide pour faire
le service de bâtiment léger. L'Angleterre et l'Allemagne,
en particulier, s'orientèrent dans une voie tout à fait
différente ; elles remplacèrent les croiseurs-cuirassés par
les croiseurs de combat qui répondent à une conception
différente ; et elles confièrent la reconnaissance et les
services accessoires à une nuée de bâtiments légers,
très rapides et de faible tonnage. C'est ainsi que furent
construits ces petits croiseurs, qui, dans chacun de ces
pays, portent des noms de villes.

Désorientée par la faillite du croiseur-cuirassé, la
marine française, au lieu de suivre le mouvement
général, adopta une solution qui est malheureusement
trop fréquente lorsqu'on est embarrassé : elle ne fit

---

1. *Jeanne-d'Arc*: 11.270 tonnes ; 23 nœuds ; II-19 centimètres, xiv-
14 c/m.

rien. Elle avait cessé en 1899 de construire des bâtiments légers ; elle cessa en 1908 de construire des
croiseurs-cuirassés. En sorte que, lorsque la guerre
éclata, nous n'avions pas un seul bâtiment léger. Les
croiseurs-cuirassés qui devaient en tenir lieu étaient en
nombre insuffisant ; la moitié (le type *Montcalm* et
Gloire) était si âgée que ses unités n'avaient même pas
la vitesse des cuirassés ; l'autre moitié ne comptait pas
plus de 7 unités, d'une vitesse de 22 à 23 nœuds.

La guerre, la vraie guerre, ayant remplacé les grandes
manœuvres, personne ne songea plus aux râteaux
d'éclairage. Il fallut satisfaire aux nécessités qui s'imposaient et, en l'absence de bâtiments légers, l'on vit
des cuirassés, des croiseurs-cuirassés, des torpilleurs
faire la croisière commerciale. Ce n'était pas évidemment le rôle de ces navires. Nos grands croiseurs-
cuirassés, en particulier, furent employés à fermer
l'entrée de l'Adriatique, concurremment avec des
vétérans tels que le *d'Entrecasteaux*, le *Jurien de la
Gravière*, la *Foudre*. Ce mélange hétéroclite montre
bien que, pour établir ce barrage, les croiseurs-
cuirassés n'étaient pas indispensables. On les utilisa de
cette façon parce qu'on n'avait rien d'autre à mettre à
leur place. Comme ils furent constamment exposés
aux torpilles des sous-marins autrichiens auxquelles
l'un d'eux finit par succomber, il eût mieux valu risquer des bâtiments moins coûteux.

Notre armée navale, ne disposant pas de petits croiseurs pour son service de sûreté, en fut réduite,

lorsqu'elle mouillait sur une rade ouverte, à se faire garder par une division de cuirassés qui était naturellement très exposée aux torpilles autrichiennes [1].

L'absence de bâtiments légers a été cause que, pendant la première année de la guerre, nous n'avons pu contribuer, même dans une faible mesure, à la destruction des petits croiseurs allemands qui opéraient au large et nous ont coulé bon nombre de bâtiments de commerce.

Le besoin de bâtiments légers a été si impérieux que l'une des premières préoccupations de l'Italie, lorsqu'elle est intervenue, a été de demander à l'Angleterre d'en mettre quatre à sa disposition.

Cependant les croiseurs ne se sont pas trouvés, vis-à-vis des sous-marins, en meilleure posture que les cuirassés. Nombre d'entre eux furent torpillés [2] ; mais malgré les dangers qu'ils couraient, les Alliés ne purent pas se dispenser de leur faire tenir la mer ; rien ne prouve mieux que cette nécessité l'utilité absolue de ce type de bâtiment.

Mais il va falloir lui faire subir une transformation analogue à celle des bâtiments de combat, afin d'augmenter sa force de résistance contre les torpilles. On cherchera à diminuer le plus possible son tirant d'eau, et on sera peut-être amené à lui donner des formes tout à fait nouvelles en entrant dans la voie des grands « glisseurs ».

1. C'est pour cette raison que les divisions à qui étaient dévolues ce rôle ingrat avaient été dénommées par les équipages « divisions buts ».
2. *Dublin, Amphion. Pathfinder, Hawke, Hermes, Niger, Speedy*, etc , sans compter des contre-torpilleurs et même des torpilleurs.

Toujours est-il que la France n'a pas de bâtiments légers. Elle va être obligée d'en construire et il s'agit maintenant de ne pas retomber dans les mêmes errements. Lorsque la guerre a éclaté, il y avait déjà de nombreuses années que la question des bâtiments légers était posée ; et cependant on en avait toujours retardé la solution. On arguait de ce que, pour qu'un bâtiment rapide puisse conserver sa vitesse sans tenir compte de l'état du temps, il doit atteindre au moins un tonnage de 8.000 tonnes. Le raisonnement était peut-être exact ; mais on perdait de vue que le bâtiment léger, comme tous les autres types de navires, n'est qu'un compromis. Il n'est donc pas susceptible de satisfaire à tous les desiderata. C'était une politique singulièrement imprévoyante que de se priver d'une classe de navires indispensable sous prétexte qu'on ne peut atteindre à la perfection — qui d'ailleurs n'a jamais existé.

Il faut des bâtiments légers, et il en faut beaucoup ; car ils ont à satisfaire à des obligations si nombreuses que le nombre est un des facteurs de leur utilisation. Il n'est pas d'ailleurs nécessaire qu'ils aient tous le même tonnage ; et ceux qui auront un très faible déplacement rendront tout autant de services que ceux qui atteindront 4 à 5.000 tonnes ; mais ils seront employés d'une façon différente. La preuve en est qu'on a dû faire faire le service de bâtiment léger à la plus grande partie de nos torpilleurs qui ne possédaient pas les qualités requises.

CHAPITRE IV

LA SUPPRESSION DU TORPILLEUR

Les belligérants ont disposé pendant la guerre d'un nombre considérable de torpilleurs. En comptant les amis et les ennemis, on arrive à un total énorme. Tous ces bâtiments ont été constamment à la peine, aussi bien du côté des Alliés que des Austro-Germains.

Cette grande activité des torpilleurs a fait impression, et il ne manque pas de gens, même parmi les marins, qui pensent qu'on doit donner à l'avenir un développement encore plus grand aux flottilles de torpilleurs.

Il ne faut cependant pas perdre de vue que le torpilleur n'a trimé pendant toute la durée de la guerre, que à défaut d'un type de bâtiment léger mieux approprié au rôle qui lui incombait. Le torpilleur a fait tous les métiers excepté celui de torpilleur, et si l'on avait pu prévoir les conditions dans lesquelles il a été employé, on lui aurait sûrement donné un autre armement et d'autres caractéristiques.

Le torpilleur a été, avec le chalutier, consacré spécialement à la protection contre les sous-marins, soit qu'il ait patrouillé, soit qu'il ait escorté les grosses unités et les convois. Pour ces fonctions, les torpilles qui constituent l'arme principale du torpilleur, qui sont même sa raison d'être, lui étaient inutiles ; il aurait eu besoin de deux ou trois pièces de canon d'un calibre supérieur à celui que portent habituellement les torpilleurs et de plusieurs centaines de grenades. En fait, le torpilleur, encombré par ses tubes, ses torpilles et ses milliers d'obus n'a jamais eu un nombre de grenades suffisant, ni les installations nécessaires pour « marmiter » rapidement la mer sur une grande surface à l'apparition d'un sous-marin.

Il manque également au torpilleur une endurance suffisante pour supporter le dur service auquel il a été astreint.

Lorsqu'ils n'agissaient pas contre les sous-marins, les torpilleurs ont été fréquemment utilisés en qualité de petits croiseurs ; et il faut arriver à la bataille du Jutland pour que ces bâtiments, uniquement construits pour s'attaquer aux cuirassés, puissent remplir leur office. Cette bataille n'eut d'ailleurs pas de lendemain.

La question qui se pose actuellement est donc celle-ci :

Y a-t-il lieu de conserver un type de bâtiment qui, pendant une guerre qui a duré plus de 4 ans, n'a été utilisé qu'une seule fois dans les conditions prévues pour son emploi, alors que, pour combler une lacune dans la composition des flottes, il n'a jamais cessé depuis le premier jusqu'au dernier jour des hostilités de remplir un rôle pour lequel il était mal outillé.

La réponse s'impose : puisque le besoin de petits croiseurs d'un tonnage de 800 à 1.200 tonnes s'est fait impérieusement sentir, les torpilleurs seront désormais remplacés par des bâtiments de l'espèce sur lesquels la torpille ne sera plus qu'une arme accessoire. Ces navires, au lieu de porter 6, 8, voire même 10 tubes lance-torpilles, n'en auraient plus que deux ; ils seraient armés de deux ou trois canons de 14 centimètres et auraient des installations spéciales pour semer la mer de grenades. En réduisant leur vitesse à celle des croiseurs de 3.500 tonnes (type Arethusa) qui ont toujours servi de soutien aux torpilleurs lorsque ceux-ci accompagnaient les escadres comme éclaireurs, on pourra leur donner une endurance et des qualités nautiques supérieures à celles des torpilleurs actuels.

On doit avoir d'autant moins de scrupule à remplacer les torpilleurs par de petits croiseurs de même tonnage que le sous-marin est arrivé à un état de perfectionnement qui relègue fatalement le torpilleur au second plan. Lorsque, dès 1905, l'auteur demandait[1] que le torpilleur cédât la place au sous-marin, on objectait que l'un et l'autre étaient nécessaires parce que leur mode d'emploi était différent. Le sous-marin — prétendait-on — ne peut attaquer que de jour, tandis que le torpilleur est un oiseau de nuit. Ces

1. L'esprit de la guerre navale. Tome III : l'organisation des forces.

assertions n'ont pas été confirmées par les événements. Alors que le torpilleur, multiplié à l'infini, n'a pas produit grand'chose (en tant que lance-torpille), l'autre. représenté par un nombre d'exemplaire bien plus faible, a fait d'innombrables victimes de jour comme de nuit. Il n'y a pas de raisonnement qui tienne devant de pareils résultats...

Donc, remplaçons nos torpilleurs par de petits croiseurs légers.

CHAPITRE V

LE SUCCÈS DU SOUS-MARIN

Toutes les principales marines possédaient des sous-marins au début des hostilités ; c'est donc qu'elles croyaient à leur efficacité. On peut cependant affirmer que leur succès a dépassé toutes les prévisions.

Les Alliés crurent d'abord pouvoir les mépriser. L'Angleterre fait sortir ses escadres de croiseurs dans la mer du Nord ; notre armée navale pénètre dans l'Adriatique et paraît à plusieurs reprises devant Cattaro. Mais lorsque, dans une matinée, un seul sous-marin eut coulé trois croiseurs-cuirassés (*Aboukir, Cressy, Hogue*), la puissance du sous-marin s'affirma si brutalement qu'il fallut compter avec lui. On est en droit de penser que c'est ce même événement qui fit entrevoir aux Allemands des horizons nouveaux et leur suggéra l'idée de confier leurs destinées maritimes à l'arme sous-marine.

Ce que fut l'œuvre des sous-marins, il est inutile de le rappeler ici : leur histoire est l'histoire même de la guerre, tout au moins dans les mers d'Europe. Nous nous bornerons donc à développer quelques considérations sur leur utilisation et sur les moyens qui ont été employés pour les combattre.

Le sous-marin est par excellence l'arme du plus faible. Il a certainement rendu des services appréciables aux Alliés, mais il ne leur était pas indispensable. Sans lui, ils n'en auraient pas moins dominé sur la mer, tandis que c'est lui seul qui a permis à nos ennemis de couler des bâtiments de guerre et de faire éprouver aux marines commerciales alliées — et en particulier à l'Angleterre — des pertes immenses. Supprimez, dans les résultats de la guerre, l'action des sous-marins : l'Allemagne n'eût infligé aux Alliés que des pertes insignifiantes et la guerre maritime aurait été terminée en moins d'un an. La personnalité du sous-marin domine donc toute la guerre navale.

Les personnes qui n'ont sur les conditions de l'action maritime que des notions superficielles — et en France elles sont légion — ne comprenaient pas pourquoi les sous-marins ennemis coulaient tant de bâtiments, alors que les victimes des sous-marins alliés étaient fort rares. La raison en est cependant très simple et aussi très naturelle. Les pavillons de l'Allemagne et de l'Autriche ayant complètement disparu de la mer, sauf dans des régions secondaires, nous ne pouvions atteindre les navires ennemis, ni avec des sous-marins, ni avec des bâtiments de surface. Au contraire les transactions maritimes des Alliés étaient considérables ; leurs transports de troupes sillonnaient toutes les mers ; leurs cuirassés appuyaient aux Dardanelles les opérations de l'armée ; enfin la poursuite de la contrebande de guerre nécessitait l'établissement de nombreuses croisières tenues par des croiseurs et des croiseurs auxiliaires. Alors que nos sous-marins n'apercevaient jamais de bâtiments ennemis, les sous-marins allemands avaient toujours plusieurs objectifs dans le champ de vision de leurs périscopes. Voilà tout le secret de leur activité. Mais lorsque les sous-marins anglais furent parvenus à franchir les Dardanelles, ils trouvèrent dans la mer de Marmara des bâtiments de guerre et des transports de troupes turcs et leurs exploits ne le cédèrent alors en rien à ceux des sous-marins allemands. Si, au bout d'un certain temps, on cessa de parler d'eux, c'est que, d'une part, ils avaient fait le vide autour d'eux, et que, d'autre part, l'Amirauté cessa de publier des communiqués sur leurs opérations [1]. A partir du moment où les sous-marins anglais pénétrèrent dans la Baltique, ils coulèrent également un grand nombre de vapeurs.

La situation des deux groupes de belligérants était donc très différente au point de vue de l'utilisation des sous-marins.

1. Voici le bilan des sous-marins anglais dans la mer de Marmara jusqu'au 26 octobre 1915 : deux cuirassés, cinq canonnières, un contre-torpilleur, huit transports et cent soixante-dix sept navires chargés de vivres et de munitions, coulés ou endommagés.

Cela posé, voyons les moyens mis en œuvre pour combattre les sous-marins et les résultats obtenus.

*
* *

Lorsque la menace de la guerre sous-marine se fit sentir, la marine française commit une grosse faute ; elle nia le péril et accueillit avec scepticisme les observations de ceux qui préconisaient des mesures radicales. Le fait que, au commencement de 1916, aucun de nos bâtiments de guerre et de nos transports de troupes n'avait encore de moyens de sauvetage est une manifestation de cet état d'esprit qui s'est révélé également dans les communiqués des journaux, dans les débats de la Chambre, dans l'absence de précautions pour protéger les grosses unités pendant leurs traversées.

La marine avait déjà perdu un temps précieux quand elle reconnut qu'il fallait plus et mieux que des flots d'éloquence pour submerger les sous-marins. Elle en vint tout naturellement à leur opposer de petites unités difficiles à atteindre avec des torpilles et comme le nombre des torpilleurs dont on disposait était tout à fait insuffisant, on leur adjoignit des bâtiments de pêche armés en guerre. C'était rationnel. Mais comment utiliser ces flottilles ?

Il était alors généralement admis que les sous-marins ennemis ne pouvaient pas opérer loin de leurs bases sans se ravitailler sur leur terrain d'action. La conséquence naturelle de cette conviction était que, pour se

débarrasser des sous-marins, il suffisait de les empêcher
de vivre. Nos patrouilleurs furent donc consacrés tout
d'abord à fouiller les criques et les baies que l'on supposait pouvoir être utilisées pour le ravitaillement.
Cette recherche s'étendit même à nos propres côtes.
L'auteur n'était pas seul à penser que nous nous enga-
gions dans une voie funeste. Les sous-marins qui coulaient les bâtiments alliés dans la Méditerranée étaient
venus d'Allemagne et avaient un rayon d'action suffi-
sant pour faire des croisières de longue durée. Aussi
bien, s'il y avait eu nécessité pour eux de renouveler
leur approvisionnement de pétrole en cours de croisière, ils ne se seraient jamais aventurés loin de leur
base, car l'opération eût été aléatoire et aurait présenté
de sérieuses difficultés. La rencontre en mer ou sur
une rade, à un rendez-vous déterminé, entre un sous-
marin et un bâtiment ravitailleur, eût exigé une con-
cordance de mouvements impossible à réaliser dans les
conditions où se trouvaient nos ennemis au point de
vue maritime. Le moindre accroc dans les prévisions
aurait fait échouer l'opération qui risquait toujours
d'être interrompue par l'arrivée inopportune d'un
patrouilleur. Jamais les sous-marins ne se seraient
exposés à rester en dérive en mer, faute de combustible [1].

1. Lorsque, le 24 novembre 1915, le vapeur français *Tafna* rencontra
en mer un sous-marin qui lui donna la chasse, celui-ci se trouvait dans
le voisinage d'un bâtiment dont une embarcation était à la mer malgré
le mauvais temps. On en tira cette conclusion que le sous-marin était en
train de se ravitailler et l'on opposa ce fait à ceux qui prétendaient qu'il
valait mieux couler les sous-marins que les empêcher de vivre. Il eût été

Le ravitaillement à des dépôts établis dans des points déterminés des côtes de Grèce et en particulier dans les îles, eût été tout aussi difficile à réaliser en raison de la surveillance active qu'exerçaient nos patrouilleurs dans ces parages.

Au point de vue des vivres, la question se présentait sous un jour différent. Les sous-marins ennemis pouvaient facilement se munir de conserves pour un long temps ; mais la santé de leurs équipages se serait mal accommodée d'une nourriture aussi exclusive. Heureusement pour eux ils avaient un moyen infaillible de se procurer des vivres frais en pillant les bâtiments avant de les couler et nos ennemis n'y ont jamais manqué. Il est possible, il est même probable qu'ils se sont procuré occasionnellement des vivres le long des côtes d'Espagne ou d'Irlande, mais c'est encore là que nos patrouilleurs avaient le moins de chances de les rencontrer.

En définitive, les sous-marins ennemis pendant la durée de leur croisière ne renouvelaient pas leur combustible et n'avaient pas un besoin impératif de renouveler leurs vivres. Aussi bien, jamais nos patrouilleurs n'ont rencontré en mer un sous-marin en dérive faute de combustible ou manquant de vivres. Nous avons

cependant bien étrange qu'un sous-marin choisit comme lieu de ravitaillement un point situé sur la route des bâtiments qui vont de Tunis à Marseille. Mais on apprit plus tard que le vapeur suspecté était la *Liguria* dont l'équipage s'était réfugié dans une embarcation pendant que le bâtiment coulait, sabordé par le sous-marin. Un seul homme survécut et arriva à Gênes 15 jours après l'événement.

fait un métier de dupe en consacrant tous nos moyens à empêcher le ravitaillement des sous-marins. Le malheur est que cette politique nous avait conduits à multiplier les agents d'information dans le but de découvrir des dépôts et, pour gagner leur argent, ces agents nous inondaient de renseignements imaginaires. Dans la voie où nous étions engagés, il fallait bien en tenir compte et tandis que nos bâtiments de patrouille se consumaient en allées et venues inutiles le long des côtes, les sous-marins coulaient impunément les bâtiments au large.

Force nous fut de reconnaître que nous faisions fausse route ; et, dans les premiers mois de 1916, on prit la décision d'armer les bâtiments de commerce. Aucune mesure n'était plus justifiée ; et si elle avait été appliquée d'une façon rationnelle, elle eût été certainement efficace.

Pour se rendre compte des avantages que l'on était en droit d'attendre de l'armement des bâtiments de commerce, il faut se rappeler ce qu'était la situation maritime en 1915 et 1916. La navigation neutre était encore active et l'Allemagne avait intérêt à la ménager dans le but de ne pas s'aliéner l'opinion aux États-Unis. Les sous-marins s'abstenaient donc de couler les bâtiments de commerce sans avertissement, c'est-à-dire sans s'être assurés préalablement qu'ils étaient ennemis. Après l'affaire du *Lusitania* (mai 1915) l'Allemagne avait même pris l'engagement de ne plus couler les bâtiments non militaires avant d'avoir assuré la sécurité des passagers et de l'équipage. A l'occassion de l'affaire du *Sussex*, elle avait renouvelé cette promesse. Bien que l'Allemagne ne se soit jamais considérée comme astreinte à tenir ses engagements, l'intérêt qu'elle avait à ménager les États-Unis apportait tout de même une entrave à la guerre de piraterie, et interdisait les attaques à la torpille sans avertissement. On conçoit dès lors combien l'action des sous-marins eût été contrariée si, chaque fois que l'un d'eux envoyait un coup de canon de semonce à un bâtiment de commerce pour reconnaître sa nationalité, il avait été exposé à être canonné lui-même.

Une autre conséquence de l'armement des bâtiments de commerce était de forcer les sous-marins à torpiller les bâtiments qu'ils ne pouvaient pas réduire par le canon. Cette obligation diminuait considérablement l'efficacité de leurs attaques. Un exemple montrera dans quelle proportion le rendement des sous-marins eût été affecté s'ils avaient été mis dans le cas de ne pouvoir jamais utiliser leur artillerie. On sait que le *U-35*, pendant une croisière de trois semaines dans la Méditerranée occidentale, a coulé plus de 40 vapeurs. Si ce sous-marin n'avait rencontré que des bâtiments armés d'une façon efficace, il eût dû s'abstenir d'attaquer au canon et aurait été obligé de ne se servir que de ses torpilles. Or il n'avait pas plus de dix de ces engins, et comme tous les coups ne portent pas au but, il n'aurait probablement pas coulé plus de six ou sept navires. Le canon a donc augmenté six ou sept fois le rendement de l'*U-35*. En réalité comme, à cette époque (mai 1916), les sous-marins n'attaquaient pas encore à la torpille sans avertissement et qu'ils ne pouvaient semoncer un bâtiment qu'en se tenant à la surface, le *U-35* aurait eu bien des chances d'être coulé avant d'avoir épuisé son approvisionnement de torpilles.

En principe, l'armement des bâtiments de commerce constituait donc une excellente mesure. Mais, pour qu'elle fût efficace, il y avait deux conditions indispensables à remplir : l'artillerie des bâtiments de commerce devait être aussi puissante que celle des sous-marins ennemis et elle devait être masquée des vues extérieures pour ne pas révéler la qualité de belligérant des navires. Or, par malheur, aucune de ces deux conditions ne fut remplie.

Il semble que, sur les bâtiments français, on se soit ingénié à placer les canons bien en évidence, comme si ç'avait été une sauvegarde de les faire voir à l'ennemi. Il en résulta que, dès qu'un sous-marin apercevait dans son périscope le profil d'un canon haut perché sur le couronnement et qui se détachait nettement sur l'horizon, il savait aussitôt à qui il avait affaire et il pouvait couler impunément ce navire sans le reconnaître. L'armement devenait alors funeste au bâtiment. Ce fut le cas de la « *Ville de la Ciotat* » torpillée sans avertissement en Méditerranée, parce que le sous-marin avait aperçu son canon. Mieux eût valu pour ce paquebot ne pas être armé, car s'il avait été arrêté par un coup de canon de semonce au lieu d'être torpillé, l'évacuation des passagers aurait pu se faire et il n'y aurait peut-être pas eu de victimes [1].

Mais la marine commit une erreur encore plus grave, presque inexplicable. Les canons qui armèrent nos bâtiments de commerce étaient du calibre de 47 millimètres, le plus petit en service dans la marine ; leur puissance était manifestement insuffisante pour riposter aux 75 millimètres, aux 100 millimètres et aux 120 millimètres des sous-marins ennemis. Au bout de très peu de temps, ceux-ci s'aperçurent qu'ils ne couraient aucun risque en attaquant de loin nos bâtiments parce qu'ils se trouvaient ainsi hors de portée de leur artillerie, et nombreux sont les bâtiments armés qui ont été coulés au canon [2].

N'était-ce pas un devoir impérieux de dissimuler soigneusement l'armement lorsqu'on savait pertinemment qu'il était inférieur à celui de l'ennemi ? Cette précaution élémentaire aurait donné à nos petits

1. Sur les petits paquebots militarisés communément désignés sous le nom de grands patrouilleurs, on n'avait pas eu non plus le souci de masquer les canons. A l'appui des considérations ci-dessus, on peut citer le fait suivant : le commandant d'un de ces patrouilleurs mentionne dans un rapport qu'ayant été canonné de loin par un sous-marin ennemi, il fit la manœuvre d'amener ses embarcations pour faire croire à l'évacuation du bâtiment et amener ainsi le sous-marin à se rapprocher à portée efficace ; mais tout à coup l'ennemi cessa son tir et plongea : il avait aperçu les canons du patrouilleur.

2. Dans le même ordre d'idées, on peut aussi citer la lutte épique que soutint le chalutier *Paris II* (commandé par le lieutenant de vaisseau Paponnet) contre deux sous-marins ennemis dans le voisinage de Sollum. Le petit navire fut encadré pendant deux heures par les obus de ses adversaires sans pouvoir riposter efficacement.

navires la seule chance d'utiliser leur arme à bonne portée parce qu'ils auraient eu l'apparence d'être sans défense, et que les sous-marins se seraient alors approchés d'eux sans méfiance.

Si les canons de 47 millimètres avaient été mis sur nos bâtiments de commerce à défaut d'un modèle plus puissant, la raison eût été péremptoire et on serait en droit de dire qu'on a fait ce qu'on a pu et non ce qu'on a voulu. Mais tel n'était pas le cas ; car, lorsqu'on dut s'avouer — tardivement — l'erreur commise, on remplaça les 47 millimètres par de vieilles pièces de 95 millimètres qui armaient les batteries de côtes ; mais on verra plus loin que, au moment où ce changement fut exécuté, l'armement des bâtiments de commerce était devenu à peu près inutile par suite des modifications qu'avait subies la situation maritime.

L'armement des bâtiments de commerce ne donna donc pas ce qu'on était en droit d'en attendre. La mesure fut prise trop tard et elle fut appliquée dans des conditions qui la rendirent inefficace et même nuisible. On eût dit quelle n'avait été prise que pour donner une satisfaction de principe à l'opinion publique.

Tant que l'Allemagne conserva quelques ménagements envers les neutres, la protection de la navigation commerciale a pu logiquement être basée dans ses grandes lignes sur un armement rationnel des navires marchands, combiné avec un patrouillage intensif[1].

1. Pour l'intelligence de ces considérations, on doit dire que les sous-marins n'aiment pas à stationner dans les parages patrouillés parce qu'ils

Cette ligne de conduite spéculait sur la nécessité pour l'ennemi de reconnaître un navire avant de le couler. Mais, au commencement de 1917, la situation navale se trouva profondément modifiée par l'application du memorandum du 31 janvier qui ne faisait plus de distinction entre les neutres et les Alliés et assimilait les premiers à des belligérants. L'Allemagne annonçait sa résolution de couler indifféremment ennemis et neutres sans avertissement dans des zones prohibées. A une situation nouvelle il fallait des moyens nouveaux. Tant que l'ennemi avait fait une distinction entre les neutres et les belligérants, il n'y avait pas avantage à constituer des convois parce que le fait d'appartenir à un convoi équivaut à se ranger du côté des belligérants. Au contraire, à partir du moment où tout navire naviguant isolément est exposé à être coulé sans avertissement, quelle que soit sa nationalité, le système des convois est préférable parce qu'il permet à tous les navires du convoi de bénéficier d'une escorte de bâtiments de guerre. Comme corollaire, l'armement des bâtiments marchands devenait inutile puisqu'ils étaient défendus par les canons des navires d'escorte.

Donc, dès le début de 1917 ou plutôt dès qu'on sut

sont forcés de s'y tenir en plongée d'une façon permanente. Ils cherchent donc à attaquer les navires de préférence dans les régions non patrouillées ; ils s'y trouvent dans des conditions moins fatigantes. Il est inutile d'ajouter que le patrouillage, lorsqu'il n'est pas suffisamment dense, perd toute efficacité. Ce fut malheureusement trop souvent le cas le long de nos côtes, en raison du petit nombre d'unités de patrouille dont nous disposions.

que l'Allemague allait déclarer la guerre sans merci, nous aurions dû modifier nos dispositions, renoncer au patrouillage ou du moins ne le conserver que dans quelques parages spéciaux, et partout ailleurs organiser le convoyage avec escortes.

Cette substitution s'opéra en effet ; mais beaucoup plus tard, après que les événements eurent confirmé les prévisions du raisonnement. Au moment où on aurait dû organiser les convois, on se préoccupait de modifier l'armement des bâtiments de commerce ; c'est-à-dire qu'on songeait à le rendre efficace au moment où il devenait inutile !

*
* *

Aux erreurs de méthode s'ajoutèrent des erreurs de matériel. Pour lutter contre les sous-marins on avait mobilisé et armé tous les chalutiers de notre flottille de pêche et on avait acheté à l'étranger tous les navires de l'espèce qu'on avait pu trouver. Certes, on avait eu raison d'agir ainsi. Puisque nous étions pris au dépourvu par le genre de guerre que pratiquaient les Allemands, il nous fallait faire flèche de tout bois et utiliser tous les moyens dont nous disposions. L'erreur ne fut donc pas d'avoir armé en guerre notre flottille de pêche ; elle résida dans le fait que l'on considéra le chalutier comme étant un excellent outil pour lutter contre les sous-marins ; et, partant de ce principe, on ne se contenta pas d'utiliser ceux qu'on put se procurer ; on en mit d'autres sur chantier et quantité de ces navires étaient en construction dans le courant de 1917.

En réalité, pour faire la guerre sous-marine, le chalutier n'est qu'un pis-aller. Là où il se trouve, il gêne le sous-marin, mais il ne le détruit que dans des circonstances tout à fait exceptionnelles.

Il ne le détruit pas parce qu'il n'entre qu'occasionnellement en contact avec lui. En voici la raison. Le chalutier étant difficilement vulnérable à la torpille, les sous-marins, qui avaient pour objectif de paralyser nos transactions maritimes, préféraient conserver leurs torpilles pour les bâtiments de commerce ; et lorsqu'ils apercevaient de loin un de ces patrouilleurs facilement reconnaissable à sa silhouette caractéristique et à son canon perché sur le gaillard d'avant, ils s'en éloignaient sans entrer en lutte avec lui. C'est ainsi qu'un grand nombre de nos chalutiers ont fait la guerre sans apercevoir un seul sous-marin, malgré un labeur et une activité incessants. En tant que contre-sous-marin, le chalutier n'a donc qu'un faible rendement ; c'est un instrument de second ordre.

En même temps qu'on avait mobilisé des chalutiers, on avait mis en chantier des canonnières destinées également au patrouillage. Les observations qui précèdent s'appliquent intégralement à ces bâtiments. L'idée qui avait présidé à leur construction était juste ; l'application qu'on en fit était fausse. Eux non plus n'avaient que rarement l'occasion d'apercevoir des sous-marins et plus rarement encore celle d'entrer en lutte avec l'un d'eux, parce qu'on leur avait donné la silhouette classique des bâtiments de guerre et que leurs canons étaient très apparents. Après avoir fait l'épreuve de ces canonnières, on s'efforça de les maquiller pour les rendre méconnaissables ; mais on n'obtint dans cet ordre d'idées que des résultats très imparfaits : il eût fallu, pour bien faire, changer les bâtiments eux-mêmes.

Les fautes et les erreurs qui ont été commises expliquent les faibles résultats obtenus contre les sous-marins jusqu'en 1918. L'efficacité des dispositions adoptées ne fut pas complètement négligeable, mais elle ne réussit pas à contrebalancer l'accroissement de la flottille sous-marine de nos ennemis ; et les pertes subies par les Alliés du fait des sous-marins ne cessèrent d'aller en croissant jusqu'au mois de mai 1917 où elles atteignirent le chiffre énorme de 860.000 tonnes. Si les choses avaient continué sur ce pied, les Allemands auraient réalisé leur menace et arrêté les transactions maritimes des Alliés. Dans les mois qui suivirent, le chiffre des pertes diminua, mais il resta encore excessivement élevé puisqu'il dépassa 500.000 tonnes [1]. On affecta de se tenir pour satisfait de ce résultat et on annonça qu'il était dû à l'efficacité de nouvelles dispositions. On ne peut que regretter que ces dispositions n'aient pas été prises plus tôt. Il y a lieu de croire d'ailleurs que ce que l'on a appelé « dispositions nouvelles » doit s'entendre de l'organisation rationnelle des

---

1. Le détail des pertes occasionnées par la guerre sous-marine est donné au chapitre de *la guerre commerciale*.

convois.... et de l'intervention américaine. Celle-ci se
manifesta en particulier par un magnifique effort de
construction grâce à quoi le tonnage coulé put être
compensé, au milieu de 1918, par du matériel neuf.
C'est alors seulement que l'on put dire que le péril
sous-marin était conjuré. Il l'eût été beaucoup plus tôt
si on n'avait pas laissé à l'ennemi le soin de nous
révéler les mesures qui s'imposaient. Le véritable
esprit militaire ne consiste pas à se laisser mener par
les événements ; il réside dans une adaptation immé-
diate des moyens à la situation.

Il eût été intéressant de pouvoir suivre au jour le
jour les résultats de la lutte entreprise contre les sous-
marins. Pour des raisons d'ordre militaire, les Alliés
se sont abstenus de faire connaître les combats journa-
liers qui avaient lieu entre patrouilleurs et sous-marins,
ce qui avait l'inconvénient d'égarer l'opinion sur l'activité de la guerre navale. On se contenta d'annoncer,
au milieu de 1918, que plus de 150 sous-marins ennemis avaient été détruits ; en réalité 202 ne revinrent
jamais à leur base. C'est dans la Méditerranée que,
d'après une communication de l'Amirauté anglaise, la
guerre sous-marine a donné les plus faibles résultats ;
seize sous-marins seulement y furent coulés sur un
total de 200, soit 8 pour 100, et il n'est pas téméraire
de voir là une conséquence des défauts d'organisation
que nous signalerons plus loin.

*
* *

L'expérience acquise permet de tirer quelques conclusions sur la façon de conduire la guerre sous-marine.

La lutte contre les sous-marins comporte deux actions
parallèles. L'une est affaire de méthode et d'organisation : c'est la protection de la navigation commerciale.
L'autre vise plus particulièrement la destruction des sous-
marins et nécessite l'adaptation de moyens spéciaux.

Nous avons vu que, pour la protection du commerce,
on avait eu recours au patrouillage et aux convois
escortés par des bâtiments de guerre. On ne peut prétendre qu'un système soit préférable à l'autre ; on a
montré que c'est une question d'espèce qui est fonction
de la situation. Qu'il s'agisse de l'une ou de l'autre de
ces méthodes, leur application est une œuvre difficile
qui exige de grands efforts et qui subit des modalités
différentes suivant les régions. Il faudrait entrer dans
des détails techniques que ne comporte pas cette étude
pour donner une idée de la complexité du problème
qu'a soulevé la protection du commerce, sous une
forme ou sous une autre.

En ce qui concerne la destruction des sous-marins,
on a utilisé des avions, des dirigeables, des mines, des
filets et, mieux encore, des filets à mines. Ces divers
moyens ont rendu de très grands services et il ne saurait être question ici de les déprécier ; mais, par leur
nature même, ils ne constituent que des moyens accessoires parce qu'ils ne peuvent atteindre les sous-marins
que dans des parages déterminés. Les aéronefs agissent
le long des côtes ; les mines ne sont utilisables que

dans certaines régions et par petit fond. Il faut donc superposer à ces engins un autre instrument qui soit capable d'atteindre les sous-marins partout où ils opèrent.

Cet instrument ne peut être qu'un bâtiment. Mais pour que ce bâtiment soit en mesure de détruire le sous-marin, il faut qu'il entre en contact avec lui, et ce contact n'existera que s'il est attaqué par le sous-marin.

Nous arrivons donc à cette conclusion que tout, navire ou tout groupement de navires[1] attaqué par un sous-marin doit posséder les moyens suffisants pour le détruire. Quels seront ces moyens? Ils ne seront pas identiques sur les grosses unités et sur les patrouilleurs.

Les bâtiments de fort tonnage sur lesquels le canon est l'arme principale devront à l'avenir être dotés d'un armement supplémentaire spécialement consacré à atteindre les sous-marins; il sera constitué par des batteries de canons légers, lançant des obus-torpilles, dont on a déjà parlé dans un chapitre précédent.

Sur les petites unités qui évoluent facilement l'arme sous-marine sera la grenade. Elle existe déjà et n'a cessé de se perfectionner pendant la guerre; mais la part qui lui a été faite dans l'approvisionnement en munitions des patrouilleurs a été tout à fait insuffisante.

---

1. On fait ici une distinction entre le navire et le groupement de navires parce que l'on peut admettre que des navires qui ne possèdent aucun moyen de défense soient groupés sous la protection d'une escorte à qui incombe la destruction du sous-marin.

L'armement de ces bàtiments a été compris à contre-sens. Ce qu'il leur fallait, c'était beaucoup de grenades, alors qu'ils n'avaient besoin que d'un petit nombre d'obus. En effet, lorsqu'un patrouilleur aperçoit un sous-marin en surface, il ouvre aussitôt le feu sur lui ; mais à peine a-t-il tiré quelques coups de canon que le sous-marin disparaît en plongée ; le patrouilleur sème alors la mer de grenades avec prodigalité là où il suppose que se trouve le sous-marin. La lutte contre un sous-marin constitue ainsi une tactique spéciale dans laquelle plusieurs unités peuvent combiner leur action ; elle se traduit par une grande dépense de grenades ; le canon n'y joue qu'un rôle accessoire et très court ; quant aux torpilles, elles n'ont pas à intervenir. On a donc méconnu les conditions du problème lorsqu'on a laissé à nos patrouilleurs toutes leurs torpilles ainsi que des milliers d'obus, en sorte qu'il n'y avait plus de place à bord pour loger des grenades en nombre suffi-sant. La caractéristique des petites unités destinées à détruire les sous-marins sera de posséder un approvi-sionnement considérable de grenades avec des installations spéciales pour les semer ; leur artillerie pourra se réduire à un seul canon à la condition qu'il ait un calibre au moins égal à celui des plus puissants sous-marins. Comme ces navires doivent constituer un *appât* pour attirer le sous-marin, ils auront l'aspect débonnaire d'un bâtiment marchand. Cette condition paraît élémentaire ; elle n'a cependant pas été réalisée sur les nombreux patrouilleurs mis en chantiers pendant la guerre et on ne s'explique pas la répugnance invincible qu'a montrée la marine française pour les navires maquillés qui ont rendu de si grands services aux Anglais et aux Allemands. Au commencement de 1917 nous n'avions que des échantillons de l'espèce et ils étaient si mal armés que plusieurs d'entre eux furent désemparés par le tir des sous-marins ennemis qu'ils étaient dans l'impuissance d'atteindre avec leurs pièces.

En résumé, la canonnière, le chalutier et le torpilleur ne doivent pas être retenus en tant que « contre-sous-marins ». A leur place, il faut des bâtiments dont l'armement sera très différent et qui ne se distingueront pas des vulgaires cargos

*
* *

Qu'il s'agisse de grosses ou de petites unités, l'efficacité de leurs moyens de destruction dépendra de la connaissance qu'elles auront de la position des sous-marins qui les auront attaquées. C'est alors qu'interviennent les écouteurs par quoi on peut situer un sous-marin en plongée. Plusieurs sortes d'appareils ont été utilisés pendant la guerre, et comme toujours, c'est le plus simple qui a donné les meilleurs résultats. Toutefois, la question des écouteurs n'est pas encore définitivement résolue. Ces appareils sont susceptibles d'un meilleur rendement et il arrivera un jour où l'on dépistera un sous-marin avec autant de sûreté qu'un chien policier dépiste un malfaiteur. Ce jour-là, les sous-marins, chaque fois qu'ils attaqueront un navire, courront le risque d'être détruits ; ils seront alors obligés d'agir avec une telle circonspection que leur rendement en sera beaucoup diminué. Il ne faut cependant pas se flatter que les sous-marins disparaîtront lorsqu'ils ne jouiront plus de la quasi-invulnérabilité dont ils ont bénéficié pendant la plus grande partie de la guerre. Ils se trouveront simplement dans les mêmes conditions que les autres navires qui sont toujours exposés à être détruits par d'autres navires suffisamment armés ; ils seront soumis à la loi du nombre à laquelle ils ont longtemps échappé. Le parti qui aura le plus de moyens et qui saura le mieux les utiliser arrivera par un effort continu à paralyser l'action des sous-marins ennemis tout comme les Alliés ont annihilé les bâtiments de surface austro-allemands.

Il faut s'attendre à voir désormais les sous-marins prendre une plus grande place dans la composition des flottes futures, en raison des très grands progrès réalisés au cours de la guerre dans la navigation sous-marine ; ce type de navire se substituera partiellement au croiseur à grand rayon d'action. Il ne le fera pas disparaître parce que, comme il a déjà été dit, le sous-marin ne possède pas toutes les qualités du bâtiment de surface ; mais, en dehors de son rôle de torpilleur, il est supérieur au bâtiment de surface pour certaines opérations. Il jouit du privilège de disparaître dès qu'il se trouve en présence de forces supérieures ; c'est un avantage trop précieux pour qu'on renonce à en tirer parti.

*
* *

Le tonnage des sous-marins a déjà atteint 2.500 à 3.000 tonnes. Ce tonnage sera sûrement dépassé. Souhaitons que, dans la constitution de notre nouvelle flotte sous-marine, la marine française ne retombe pas dans les mêmes errements et ne produise pas des types de submersibles inférieurs à ceux des autres nations. Tout le monde sait que nos sous-marins n'étaient nullement adaptés aux conditions ds la guerre. Leur plus grand défaut était d'avoir des moteurs à vapeur. Sans entrer dans des détails techniques, on comprendra qu'un sous-marin qui marche à la vapeur ne peut plonger aussi facilement ni aussi rapidement qu'un sous-marin qui possède un moteur à combustion interne. Celui-là, dans les parages où il craint d'être chassé par des bâtiments de flottille, navigue dans la position de demi-plongée qui diminue sa visibilité et lui permet de disparaître instantanément. Nos sous-marins à vapeur, au contraire, n'avaient d'autre alternative que de naviguer en surface à la vapeur, ou en position de plongée à l'électricité ; or, et c'était leur deuxième défaut, leur rayon d'action en plongée était tout à fait insuffisant ; dès qu'ils étaient chassés par des torpilleurs ennemis, ils se trouvaient de suite dans une situation critique ; s'ils augmentaient de vitesse pour s'échapper, ils épuisaient rapidement leur énergie

électrique ; s'ils marchaient doucement, ils ne parve-
naient pas à faire perdre leur contact. Plusieurs de
nos sous-marins ont passé ainsi dans l'Adriatique de
longues heures angoissantes. En troisième lieu, la disposition des torpilles placées à l'extérieur était très
défectueuse ; les lancements n'avaient pas une précision suffisante, le mauvais temps faussait les appareils
et occasionnait même le départ inopiné des torpilles ;
les torpilles extérieures devenaient très dangereuses
lorsque les grenades éclataient dans le voisinage de la
coque. Enfin, la guerre trouva nos sous-marins sans
artillerie, sans T. S. F. Pour tout dire, notre flottille
sous-marine n'était pas faite pour l'offensive [1] ; on avait
accumulé trop de choses dans une coque trop étroite
et l'on avait ainsi donné aux bâtiments des moyens insuffisants. C'est à ces causes qu'on doit attribuer le
nombre des pertes relativement élevé que nous avons
eu à déplorer dans notre flottille.

Comment la marine française a-t-elle pu se laisser
ainsi distancer ? Car enfin le sous-marin est d'origine
française et il semble que notre flottille sous-marine
eût dû tenir la tête, sinon au point de vue du nombre,
tout au moins au point de vue de la qualité. La cause
de notre infériorité doit être attribuée aux idées de défensive à outrance qui ont prévalu pendant si longtemps
dans la marine française et qui ont encore des partisans

---

1. En particulier le rayon d'action de nos sous-marins était si faible
qu'il a fallu faire remorquer sur une partie de leur parcours ceux qui
allaient croiser devant Cattaro, pendant les premiers mois de la guerre.

convaincus dans les services techniques du Ministère.
L'école de la défensive avait accueilli avec enthousiasme
le sous-marin parce que, à ses débuts, il paraissait
être particulièrement approprié à la défense des côtes ;
mais il se perfectionna et l'on entrevit bientôt le moment où il deviendrait un instrument offensif ; dès lors,
il cessa d'être intéressant et on le relégua au second
plan. On se souvient peut-être que la construction de
nos premiers submersibles fut décommandée et qu'on
leur substitua de petits sous-marins défensifs. Cette
décision porta un coup fatal à notre flottille sous-
marine qui ne s'en est jamais relevée. Pour arriver au
grand sous-marin véritablement autonome, de 3.000
à 4.000 tonnes, portant de nombreuses torpilles, muni
d'artillerie et d'appareils de T. S. F, il eût fallu passer
par des étapes intermédiaires ; mais, dans cette marche
au progrès, la marine française se trouva handicapée,
et lorsque la guerre éclata, elle n'avait encore que deux
sous-marins offensifs qui n'étaient d'ailleurs que des
échantillons, le *Gustave-Zédé* et *l'Archimède,* tous les
deux à vapeur.

Il faut rappeler cette situation pour que l'enseignement qui en découle ne soit pas perdu.

*
* *

En clôturant ce chapitre, on voudrait encore mettre
en garde contre le danger de sacrifier les bâtiments
de surface aux sous-marins. Il existe des esprits distin-

gués qui voudraient ne constituer les flottes que de sous-marins. Ceux-là ne devront pas perdre de vue que la guerre sous-marine nous a pris au dépourvu et qu'il a fallu improviser des moyens de défense qui n'ont pas toujours été efficaces ; en sorte qu'il ne faut pas voir ce qu'ont été les résultats de la guerre sous-marine, mais penser à ce qu'ils auraient été si notre effort avait été mieux coordonné. Par ailleurs le succès du sous-marin est attribuable, ainsi qu'on le démontrera dans le prochain chapitre, au caractère exceptionnel de la dernière guerre qui est devenue une conflagration générale ; et on peut penser qu'on ne reverra plus jamais des circonstances analogues. Enfin on ne se lassera pas de répéter que la puissance qui confierait exclusivement ses destinées maritimes aux sous-marins se placerait de parti pris dans la situation qui a été imposée à l'Allemagne par suite de l'infériorité de ses escadres ; elle renoncerait donc à toutes transactions maritimes pendant la guerre ; elle bornerait son ambition à contrarier celles de l'ennemi. C'est un rôle que peuvent accepter des nations secondaires qui n'ont pas le moyen de porter plus haut leurs aspirations. *Il ne saurait convenir à la France.*

CHAPITRE VI

LA GUERRE COMMERCIALE

Toute guerre maritime a une répercussion sur le commerce ; mais les belligérants ne cherchent pas toujours à faire porter leur principal effort sur les transactions commerciales de l'ennemi. Dans la dernière guerre, au contraire, l'attaque des bâtiments marchands a joué un rôle capital, et a présenté ce caractère particulier d'être à double action, c'est-à-dire d'être pratiquée à la fois par les deux belligérants. Jusqu'alors, lorsque l'on envisageait ce genre de guerre c'est toujours l'Angleterre que l'on avait en vue. Ses intérêts maritimes sont immenses et, par sa position insulaire, elle ne peut vivre que de la mer. S'attaquer à son commerce, et par contre-coup à son alimentation, a donc toujours été l'objectif d'un plan de campagne dirigé contre l'Angleterre. Les idées ne variaient que sur les moyens d'atteindre à ce résultat.

Mais il arriva que le dernier conflit mit aux prises les Alliés avec une puissance qui avait un commerce extérieur mondial, alimenté par une flotte commerciale très importante. La capture et l'immobilisation des bâtiments de commerce de l'Allemagne devaient donc porter à cette nation un grave préjudice. De plus, l'Allemagne et l'Autriche avaient besoin de se procurer des matières premières et des denrées par la voie de mer ; les marines alliées allaient donc s'efforcer de contrarier leur ravitaillement.

Il résulta de cette situation que, d'une part, les Alliés furent amenés à bloquer par mer les deux puissances centrales, tandis que, d'autre part, l'Allemagne s'attaqua au commerce des Alliés et en particulier à celui de l'Angleterre. Quant à l'Autriche, son impuissance sur mer ne lui permit pas de rien entreprendre dans cet ordre d'idées.

Nous allons voir de quelle façon chaque parti a poursuivi son objectif, et les résultats qui ont été atteints.

*
* *

Et d'abord qu'ont fait les Alliés?

Ils avaient deux objectifs à réaliser : supprimer de la surface de la mer le pavillon commercial des ennemis et arrêter la contrebande de guerre naviguant sous pavillon neutre.

On peut estimer que la moitié du commerce mondial transite à travers l'Atlantique, tandis que l'autre moitié passe par le canal de Suez. Les vapeurs allemands qui furent surpris par la guerre dans la première région renoncèrent pour la plupart à rentrer en Alle-

magne parce que les portes en étaient fermées dans la
Manche et le Pas de Calais par les croisières des Alliés.
Ceux qui se trouvaient sur les côtes des deux Amériques désarmèrent sur place, sauf quelques unités destinées au ravitaillement des croiseurs allemands. Sur la
côte occidentale d'Afrique, les vapeurs allemands
affluèrent tout naturellement vers le Cameroun. Mal
leur en prit ; en quelques jours le *Cumberland* en prit
jusqu'à concurrence de 30.000 tonnes. Donc, dans
l'Atlantique, les croiseurs alliés capturèrent pendant les
premiers jours de la guerre les quelques vapeurs qui
essayaient de rentrer en Allemagne ; puis le pavillon
commercial de l'ennemi disparut virtuellement de cet
océan.

Dans la partie du monde comprise à l'Est du canal
de Suez, toute nation qui est en guerre avec l'Angleterre se trouve dans une situation défavorable au point
de vue du commerce maritime par le fait seul que la
guerre existe. En effet, entre Suez et l'Extrême-Orient,
la plupart des ports de relâche sont anglais : Aden,
Colombo, Singapour, Hong-Kong. Il en résulte que
tous les navires ennemis qui transitent entre Suez et
Shanghaï sont capturés automatiquement dans les premiers jours de la guerre. Les uns sont saisis au port ;
les autres, ignorant les événements, viennent s'y faire
prendre comme dans une souricière. C'est bien ce qui
s'est produit. Tout un lot de navires fut pris à Aden,
Colombo, Singapour et Hong-Kong. Les autres s'ac-
cumulèrent dans les ports neutres : Manille, Batavia,

Padang, Bangkok[1]. Si, au lendemain même de la
déclaration de guerre, il avait été possible d'envoyer
des bâtiments croiser devant ces ports neutres, on eût
fait un grand nombre de captures[2] ; mais les forces
alliées, à peine supérieures en nombre et en puissance
à l'escadre allemande des mers de Chine, ne pouvaient
poursuivre trois objectifs à la fois : paralyser l'escadre
allemande, protéger le commerce ami et capter le commerce ennemi. On dut donc laisser échapper quantité
de navires dont quelques-uns servirent au ravitaillement des croiseurs allemands ; ce fut une nécessité.
Mais que penser du cadeau que notre colonie de
l'Indo-Chine crut devoir faire à l'Allemagne ! Il y avait
à Saïgon, au moment de la déclaration de guerre, sept
vapeurs allemands : *Uhenfel, Esslingen, Sambia, Lyco-
moon, Argenfels, Landra, Scheuff*. On les a laissé
partir sauf l'*Argenfels* qui était en cale sèche ! ! ! Trois
d'entre eux étaient munis de la T. S. F. ; or nous
manquions en Cochinchine d'installations de l'espèce
pour l'un de nos contre-torpilleurs, la *Fronde*, et pour
les paquebots qui étaient susceptibles d'être affrétés par
la marine. Évidemment l'autorisation accordée à ces
vapeurs de quitter le port doit trouver sa justification
dans un article quelconque d'une convention interna-
tionale ; mais les conventions sont des contrats bi-

1. Shanghaï reçut peu de navires parce que la plupart de ceux qui s'y
trouvaient purent se réfugier à Kiao-Tchéou.

2. Il eût été tout au moins possible d'envoyer dans le golfe de Siam
les contre-torpilleurs de Saïgon qui y auraient été plus utiles qu'à Penang.

latéraux et ils n'engagent pas qu'un seul parti ; ils
n'ont de valeur qu'autant que les deux intéressés en
exécutent les clauses ; or les vapeurs relâchés à Saïgon
appartenaient à une nation qui, depuis trois jours, avait
violé la neutralité de la Belgique, envahi la France
sans déclaration de guerre, fusillé des prêtres, massacré
des femmes et des enfants, incendié des villes. Le respect des règlements ne doit pas aller jusqu'à la naïveté[1].

Lorsque le pavillon commercial allemand eut disparu
de la surface de la mer, il ne resta plus qu'à poursuivre la contrebande de guerre. Ce fut le but des
croisières commerciales établies entre l'Écosse et la
Norvège, dans la Manche, dans le détroit de Gibraltar,
entre la Sardaigne et la Tunisie, aux Bouches de Bonifacio, entre Nice et la Corse.

La contrebande directe (c'est-à-dire celle qui cherchait à pénétrer directement en Allemagne) ne pouvait
pas avoir une grande intensité par la raison qu'elle
manquait de bâtiments pour s'exercer. Les deux nations
qui possédaient les plus importantes marines commerciales du monde étaient impliquées dans le conflit. La
contrebande devait donc avoir recours à des marines

1. La guerre n'a pénétré que tardivement en Indo-Chine. Alors que
tous les Français séjournant en Extrême-Orient étaient mobilisés, on ne
mobilisa pas en Indo-Chine. Les fonctionnaires et les colons qui voulu-
rent payer leur dette au pays durent s'engager comme simples soldats.
Par le fait sans doute que la guerre n'existait pas pour la colonie, la cen-
sure n'y fonctionnait pas ; et l'auteur se souvient que, au moment même
où *l'Emden* coulait des bâtiments dans l'Océan Indien, les journaux de
Saïgon annonçaient que le vapeur *El-Kantara*, des Messageries Maritimes,
ramenait en France l'artillerie de campagne de la colonie.

secondaires qui ne disposaient que de moyens fort
réduits. Ces marines, créées pour satisfaire aux besoins
de leur pays, pouvaient d'autant moins distraire la
plus grande partie de leur tonnage au profit de l'Allemagne et de l'Autriche que c'était le premier de ces
pays qui était pour une grosse part leur courtier habi-
tuel et qu'il leur fallait ainsi combler le déficit que la
disparition des bâtiments allemands créait dans leur
mouvement commercial. Il restait la ressource de
démarquer des vapeurs allemands pour les faire naviguer sous pavillon neutre ; mais c'est un procédé trop
connu pour qu'il puisse réussir. La contrebande de
guerre a existé, c'est incontestable ; mais elle n'a pas
été et ne pouvait pas être très importante ; elle manquait de moyens de transport. Aussi bien il eût été
difficile pour elle de franchir les nombreuses barrières
qui se trouvaient sur sa route.

La contrebande s'exerça d'une façon indirecte par
l'intermédiaire des pays neutres voisins de l'Allemagne
et de l'Autriche : la Suède, la Norvège, le Danemark,
la Hollande et, pendant les dix premiers mois de la
guerre, l'Italie. Les produits naviguant sous pavillon
neutre et destinés à un pays neutre ne constituent pas
théoriquement de la contrebande ; pratiquement ils
traversaient les pays neutres pour aller en Allemagne
et en Autriche. Le fait était attesté brutalement par
l'énorme extension atteinte par les importations dans
les pays mentionnés ci-dessus. Les diverses dispositions
que prirent les Alliés pour contrarier cette infiltration

ne pouvaient avoir une efficacité absolue ; mais elles produisirent des résultats sérieux et l'on estime que 80 pour 100 de la contrebande de guerre a été saisie.

**

Voyons maintenant l'action allemande.

On croyait généralement que l'Allemagne allait lancer sur les mers la plus grande partie de ses croiseurs légers et de ses croiseurs auxiliaires pour pourchasser le commerce des Alliés. Il n'en fut rien. Elle se contenta de consacrer à la course les croiseurs qui stationnaient dans les mers lointaines et de leur adjoindre quelques paquebots armés en guerre. Elle ne mit pas en ligne plus de huit croiseurs. C'étaient d'abord les cinq bâtiments de l'escadre de Chine : *Scharnhorst, Gneisenau, Emden, Nurnberg, Leipzig* ; puis le *Kœnigsberg* qui stationnait sur la côte orientale d'Afrique ; enfin le *Karlsruhe* et le *Dresden* qui se trouvaient dans l'Atlantique. En réalité, sur ces huit bâtiments, cinq seulement se consacrèrent exclusivement à la course, car les deux grands croiseurs cuirassés *Scharnhorst* et *Gneisenau* eurent toujours d'autres préoccupations et le *Nurnberg* resta presque constamment avec eux.

Aux croiseurs vinrent s'ajouter quatre croiseurs auxiliaires : le *Kaiser-Wilhelm-der-Grosse* et le *Cap-Trafalgar* qui n'eurent qu'une carrière éphémère ; le *Kronprinz-Wilhelm* qui réussit au contraire à durer longtemps ; et enfin le *Prinz-Eitel-Friedrich* qui était à Shanghaï au moment de la déclaration de guerre et fut armé à Kiao-Tcheou.

Ce n'est pas avec des moyens aussi faibles qu'il était possible d'obtenir des résultats décisifs. Si l'Allemagne n'a pas consacré à la course un plus grand nombre de bâtiments, c'est sans doute qu'elle ne le pouvait pas. Il lui manquait des bases d'opérations lointaines sur lesquelles ses corsaires pussent s'appuyer. A défaut de points d'appui, elle ne pouvait pas les ravitailler sans de grandes difficultés ; et si elle avait voulu pratiquer la course sur une plus grande échelle, ses bâtiments auraient couru le risque de manquer de combustible. Le problème du ravitaillement en mer n'était vraiment pas facile à résoudre ; et l'on ne possède que de vagues renseignements sur la façon dont il était organisé. On sait cependant que les bâtiments de l'amiral von Spee furent rejoints au commencement de la guerre par des vapeurs envoyés de Kiao-Tcheou ou partis de Manille. C'est avec deux de ces bâtiments que l'*Emden* passa dans l'Océan Indien, mais lorsqu'il eut épuisé leurs approvisionnements, le croiseur dut vivre aux dépens de ses prises. En dernier lieu, il était accompagné de deux charbonniers anglais capturés. Tous les croiseurs corsaires d'ailleurs vécurent plus ou moins de leurs prises ; mais ils n'auraient pas pu se contenter de moyens aussi précaires et, le long des côtes orientale et occidentale d'Amérique, ils étaient rejoints en mer ou dans des mouillages peu fréquentés par des vapeurs allemands restés en souffrance dans les ports neutres.

Le rôle des croiseurs chargés de faire la chasse au commerce avait été réparti de la façon suivante. L'*Emden* et le *Kœnigsberg* avaient reçu en partage l'Océan Indien, la partie orientale étant attribuée à l'*Emden* et la partie occidentale au *Kœnigsberg*. Le *Leipzig* et le *Dresden* opéraient sur la côte occidentale des deux Amériques, le *Dresden* se tenant de préférence dans la partie Sud, avec le détroit de Magellan dans sa zone d'action. Le *Karlsruhe* paraît être resté dans la région des Antilles. Le *Kaiser-Wilhelm-der-Grosse* agissait le long de la côte occidentale d'Afrique; et le *Cap-Trafalgar*, le long de la côte orientale de l'Amérique du Sud. C'est aussi dans ces parages que semble s'être tenu de préférence le *Kronprinz-Wilhelm* qui opérait surtout au large. Quant au *Prinz-Eitel-Friedrich*, il ne s'est adonné à la course qu'après la destruction de l'escadre de l'amiral von Spee à laquelle il était précédemment attaché. Il fit alors quelques captures sans importance dans le Pacifique et passa ensuite dans l'Atlantique où il coula huit bâtiments.

Les conclusions que l'on peut tirer de l'action de ces croiseurs n'infirment en rien les enseignements des guerres anglo-françaises où la course a été pratiquée sur une grande échelle[1]. De même que du temps de la marine à voiles, les captures sont assez nombreuses au début parce que tous les corsaires opèrent en même temps, qu'on ne connaît pas encore leur terrain d'action et que les moyens dont ils disposent pour se ravi-

1. Voir à ce sujet : L'esprit de la guerre navale ; *Tome I*, la Stratégie.

tailler ne sont pas épuisés. Pendant les trois premiers mois, 43 bâtiments anglais furent pris ou coulés. Pendant les trois mois suivants, la moyenne mensuelle n'est plus que de trois navires. Le *Kaiser-Wilhelm-der-Grosse*, le *Cap Trafalgar*, *l'Emden* ont été coulés ; le *Karlsruhe* a sauté ; le *Kœnigsberg* est paralysé. La bataille des Falklands supprime encore quatre croiseurs et ceux qui ont échappé au désastre deviennent circonspects. En mars, lorsque le *Dresden*, revenu de l'émotion que lui avait causé le combat du 8 décembre, renaît à l'activité après trois mois de recueillement, il se fait couler. Au même moment le *Prinz-Eitel-Friedrich* arrive à Newport-News pour y subir de longues réparations et se laisse interner. Il ne reste plus en mer qu'un seul corsaire, le *Kronprinz-Wilhelm* qui, à la fin d'avril, est obligé de renoncer à tenir la mer et suit l'exemple du *Prinz-Eitel-Friedrich*. La guerre de course sous sa forme ancienne était terminée ; elle avait duré 9 mois. Elle avait coûté aux Alliés 69 navires jaugeant 281.513 tonnes [1]. En fait depuis le mois de novembre, elle se mourait dans les mers lointaines ; c'est alors qu'elle renaît dans la mer du Nord, la Manche et la mer d'Irlande sous une forme tout à fait nouvelle.

*
* *

Le 20 octobre 1914, à midi, le petit vapeur anglais

1. Chiffres donnés par M. A. Rousseau, rédacteur maritime du *Temps* (L'action des Alliés sur mer).

Gletna de 866 tonnes, se rendant de Grangemouth à Stavanger, se trouvait dans les parages de Karmoë lorsqu'il vit tout à coup un sous-marin émerger le long du bord. C'était l'*U-17*. Le capot s'ouvrit ; l'équipage sortit sur le pont et le commandant intima l'ordre au vapeur de stopper. Une embarcation se dirigea vers le *Gletna* ; un officier et quelques hommes montèrent à bord et, menaçant le capitaine de leurs revolvers, lui donnèrent dix minutes pour faire évacuer le bord. Lorsque cet ordre eut été exécuté, le vapeur fut coulé par une torpille. Une nouvelle formule était trouvée.

C'est à la fin de novembre qu'elle commença à être appliquée[1] dans la Manche par la destruction des deux vapeurs *Malachite* et *Primo* ; mais elle ne prit une grande extension qu'à partir du moment où l'Allemagne fit sa fameuse déclaration de blocus (février 1916). Jusqu'au 10 mars, 22 bâtiments anglais avaient été coulés par des sous-marins.

Si l'Allemagne a mis plus de cinq mois avant de faire agir ce nouveau facteur, ce n'est certes pas par scrupule ; car elle a élevé dès le début de la guerre le mépris du droit des gens à la hauteur d'un dogme (ce qui permet à de vulgaires bandits de se prétendre honnêtes). On doit donc supposer que ses sous-marins

---

1. Avec quelques variantes. Lorsque le sous-marin est armé d'un canon il coule ses prises avec des obus. S'il ne possède pas d'artillerie, tantôt il se sert de la torpille, tantôt de bombes que l'on fait exploser dans les cales. Ce dernier moyen a l'avantage de ménager l'approvisionnement de torpilles.

n'étaient pas encore aménagés pour les longues croisières.

Le principe de ce système de guerre commerciale ne soulève aucune objection ; mais lorsque l'Allemagne déclara qu'elle ne se préoccuperait pas de sauver les équipages et que ses sous-marins couleraient même les bâtiments neutres ; lorsqu'elle torpillait les navires-hôpitaux protégés par la convention de Genève ; lorsqu'elle coulait sans avertissement des paquebots renfermant des milliers de vies humaines, elle ne faisait pas la guerre. Elle se livrait simplement à des actes de piraterie qui ne relèvent pas de la critique militaire.

Les sous-marins ne commencèrent à attaquer les bâtiments de commerce qu'à la fin de 1914. Au début, les résultats sont insignifiants. En janvier 1915, les pertes des Alliés ne sont que de 5 navires jaugeant 9.714 tonnes : en février, elles montent à 10 navires jaugeant 22.569 tonnes. C'est pendant ce mois de février que l'Allemagne publie son premier memorandum relatif à la guerre commerciale et qui a surtout pour but de contrarier la navigation des neutres en les mettant en garde contre le danger de naviguer dans les eaux anglaises. En mars, les pertes des Alliés atteignent 73.434 tonnes pour 25 navires ; en avril, elles descendent à 35.963 tonnes et portent sur 30 navires ; en mai, elles bondissent jusqu'à 127.947 tonnes pour 67 navires, mais ce total est affecté par la perte du *Lusitania* qui représente à lui seul 30.000 tonnes. Les Alliés perdent ensuite : en juin, 111.118

tonnes (97 navires) ; en juillet, 100.820 tonnes (98 navires) ; en août, 168.173 tonnes (108 navires) ; en septembre, 99.473 tonnes (51 navires) ; en octobre, une centaine de milliers de tonnes ; en novembre, 126.967 tonnes (49 navires) ; en décembre, 107.155 tonnes (32 navires). Les pertes diminuent sensiblement en janvier et février 1916 et ne sont plus que de 56.749 tonnes et de 58.345 tonnes[1]. L'Allemagne prépare son second memorandum et, suivant sa coutume, elle veut frapper l'opinion en faisant suivre son application de tableaux élevés ; elle diminue donc l'activité de ses sous-marins pendant les deux premiers mois de l'année afin de pouvoir en faire sortir un plus grand nombre en mars et avril.

En résumé, pendant cette première année de guerre sous-marine, c'est-à-dire du 18 février 1915, date de l'application du premier memorandum, au 1er mars 1916, date de l'entrée en vigueur du second memorandum, les pertes des Alliés du fait des sous-marins furent approximativement de 1.200.000 tonnes, soit de 100.000 tonnes par mois. Si la guerre sous-marine s'était maintenue dans ces limites, elle n'aurait pas constitué un danger sérieux. Les chantiers de construction de l'Angleterre, de ses Alliés et des neutres permettaient de combler facilement le déficit ; et, en fait, le tonnage commercial de l'Angleterre se trouva plus élevé au commencement de 1916 qu'il n'était au

1. Les chiffres ci-dessus sont extraits de l'étude de M. A. Rousseau, rédacteur maritime du *Temps* : *L'action des Alliés sur les mers.*

début des hostilités[1]. Toutes proportions gardées, les résultats de la guerre commerciale pendant l'année 1915 restaient inférieurs à ce qu'ils avaient été pendant les guerres anglo-françaises du xviiie siècle et l'on sait qu'à cette époque la course n'affecta pas la prospérité maritime de l'Angleterre[2].

Les dispositions du second memorandum allemand qui traitait de l'armement des bâtiments de commerce ne modifiait en rien la situation des Alliés ; car l'Allemagne n'avait pas attendu sa publication pour couler sans avertissement nos bâtiments de commerce ; ce document, comme le premier, visait à intimider les neutres. Si la deuxième phase de la guerre sous-marine, celle qui s'étend du 1er mars 1916 au 1er février 1917, a donné à nos ennemis des résultats supérieurs à ceux de l'année précédente, la cause en est à l'augmentation du nombre des sous-marins et aux qualités supérieures des nouvelles unités mises en service.

Voici le tableau des pertes éprouvées par les Alliés et les neutres pendant cette seconde période.

1. Voici quelques renseignements qui permettent de se rendre compte de la puissance de la marine commerciale de l'Angleterre et des pertes que lui a fait subir la guerre. Au début des hostilités, l'Angleterre possédait 11.082 bâtiments de commerce jaugeant 18 millions de tonnes. A la fin d'octobre 1915, les sous-marins lui avaient coulé 183 bâtiments de commerce et 175 bâtiments de pêche ; malgré cela, elle possédait, à cette date, 88 bâtiments de plus que l'année précédente et son tonnage commercial s'était augmenté de 343.616 tonnes.

2. Dans une communication à la ligue de la marine anglaise, le duc de Buccluich a rappelé que, de 1761 à 1765, 3.300 navires de commerce anglais avaient été capturés ou détruits, ce qui représentait une perte de 35 tonnes pour 1.000 habitants des îles Britanniques.

MOIS	NOMBRE DE NAVIRES COULÉS	TONNAGE	OBSERVATIONS
Mars 1916.	58, dont 13 neutres.	152.272	7 vapeurs, dont 5 neutres, furent coulés par les mines.
Avril. . .	92, dont 32 neutres.	205.053	
Mai.. . .	57, dont 9 neutres.	127.354	La part des mines est de 7 navires, dont 2 neutres.
Juin. . .	59, dont 10 neutres.	102.375	L'Italie fut particulièrement éprouvée ; elle perdit 25 navires, dont 13 voiliers. La part des mines, sur l'ensemble, est de 7 navires.
Juillet.. .	65, dont 3 neutres.	89.518	7 navires, dont 2 neutres, furent coulés par les mines.
Août. . .	112, dont 31 neutres.	134.000	8 navires, dont 4 neutres, furent coulés par les mines. L'effort des ennemis se porte sur le ravitaillement de l'Italie ; celle-ci perd 43.430 tonnes, plus que l'Angleterre.
Septembre .	100, dont 33 neutres.	151.729	3 navires furent coulés par les mines. L'Allemagne se tourne contre la Norvège, qui perd dans les mers boréales 20 navires, jaugeant 37.237 tonnes.
Octobre. .	145, dont 85 neutres.	243.185	Les neutres, qui ne bénéficient d'aucune protection, sont plus éprouvés que les Alliés. Les Norvégiens perdent encore 56 navires. 5 navires, dont 4 neutres, furent coulés par les mines.
Novembre..	154, dont 53 neutres.	352.220	Sur le total, le *Britannic* compte pour 48.000 tonnes.
Décembre..	190, dont 78 neutres.	342.831	
Janv. 1917.	178, dont 64 neutres.	363.064	

L'intensité de la guerre sous-marine n'a donc pas cessé de croître pendant l'année 1916. Le ralentissement dans l'activité des sous-marins que l'on constate au milieu de l'année est dû à l'affaire du *Sussex* qui provoqua une énergique réclamation des États-Unis et donna lieu à des tractations assez longues pendant lesquelles la plus grande prudence fut recommandée aux commandants de sous-marins.

Pendant les onze mois de cette seconde phase, les pertes totales furent de 2.300.000 tonnes environ, dont 2.000.000 portent sur des navires alliés. C'était énorme[1]. Ce qui était inquiétant, c'est que la moyenne mensuelle des trois derniers mois s'élevait à 350.000 tonnes, et l'Angleterre, malgré sa puissance de production, ne pouvait pas combler des vides aussi profonds. Il était également évident que les moyens de production des Alliés ne se développaient pas aussi rapidement que les moyens de destruction des empires centraux. Cette situation fit naître de grandes espérances chez nos ennemis. L'Allemagne se crut en mesure d'arrêter les transactions maritimes des Alliés et des neutres, ce qui devait nous réduire à merci. Elle intensifie alors la construction

---

1. Les hécatombes de navires devaient fatalement avoir une répercussion sur les prix. On aura une idée de la hausse qu'ils subiront par les chiffres suivants qui ont été donnés par le *Temps* : un bâtiment de 6.000 tonnes qui avait été vendu 28.000 livres en 1914 a atteint 185 000 livres en 1916 ; un autre navire de 6.700 tonnes âgé de 3 ans et vendu 31.500 livres en 1913, a été revendu 235.000 livres en 1916 ; un vieux vapeur de 13 ans, qui avait coûté neuf 43.000 livres, valait 90.000 livres en octobre 1915 et 275.000 livres en 1916.

de ses sous-marins et, lorsqu'elle se croit prête, elle coupe les ponts derrière soi ; elle rompt en visière avec les neutres et lance, le 31 janvier 1917, son troisième memorandum, celui de la guerre sans merci. Dans ce document, l'Allemagne met les neutres sur le même pied que les belligérants et annonce l'intention de les couler sans laisser de traces, pour employer l'élégante expression du comte de Luxburg.

La menace allemande n'était pas vaine. En février, les ennemis coulent aux Alliés 540.000 tonnes ; en mars, 570.000 tonnes. En avril, le tonnage coulé atteint le chiffre colossal de 860.000 tonnes. Evidemment l'Allemagne a fait l'effort maximum ; car, pendant les quatre mois suivants, elle ne peut maintenir ce niveau, mais la situation reste très critique, et la moyenne des pertes mensuelles dépasse 550.000 tonnes[1]. Ce n'est qu'à partir de septembre qu'une détente se produit ; le chiffre du tonnage coulé tombe à 344.722 tonnes, mais il se relève à 480.000 tonnes en octobre. Il n'est pas douteux que l'Allemagne eût atteint son but si les États-Unis ne s'étaient pas rangés aux côtés des Alliés. Cette intervention mit à la disposition de l'Entente les navires allemands réfugiés dans les ports des États-Unis ; elle augmenta les moyens de protection contre les sous-marins par l'entrée en jeu d'une flottille qui, au milieu de 1918, atteignait déjà 240 unités ; enfin elle déter-

1. En mai, 570.800 tonnes ; en juin, 662.740 tonnes ; en juillet, 534.839 tonnes ; en août, 523.319 tonnes.

mina la création dans l'Amérique du Nord d'un grand nombre de chantiers de construction [1].

Grâce à ces diverses circonstances, la fin de l'année fut marquée par une amélioration très sensible. En novembre, les pertes ne sont plus que de 297.346 tonnes ; elles remontent à 386.277 tonnes en décembre [2].

L'année 1917 coûta aux Alliés et aux neutres 7 millions de tonnes, soit le quart du tonnage mondial (celui des ennemis excepté). Comment, en face de pareils chiffres, a-t-on pu nier le péril sous-marin ? Tout ce que l'on peut dire, c'est que les immenses ressources dont disposaient les Alliés, ressources qui furent plus que doublées par l'intervention des États-Unis, leur permirent de conserver leurs transactions maritimes, mais ce fut au prix d'énormes sacrifices.

En 1918, la situation tend à se stabiliser. Il s'établit

[1]. L'intervention des États-Unis eut d'autres conséquences non moins importantes, mais nous ne retenons ici que celles qui intéressent la guerre commerciale.

[2]. L'Allemagne publiait aussi le tonnage coulé, mais elle faisait subir à ses chiffres une majoration destinée à impressionner le public teuton. Voici le tableau publié par le journal *Hansa* et reproduit par M. A. Rousseau (quarante-deux semaines de guerre sous-marine).

MOIS	TONNES COULÉES	MOIS	TONNES COULÉES	MOIS	TONNES COULÉES
Février . .	781 500	Mai. . . .	869 000	Août. . .	808 000
Mars. . .	885 000	Juin. . .	1 016 000	Septembre..	672 000
Avril. . .	1 091 000	Juillet. . .	811 000	Octobre . .	674 000

un équilibre entre les moyens d'attaque et les moyens de défense ; et, pendant le premier semestre de 1918, la moyenne du tonnage coulé mensuellement est de 350.000[1]. Mais, dès le mois d'avril, le chiffre des constructions neuves dépasse celui du tonnage coulé et alors seulement on put dire que tout danger avait disparu. Le tonnage mondial n'en restait pas moins en déficit de 3 millions de tonnes.

En définitive, la guerre sous-marine n'a pas atteint son but qui était de réduire à l'impuissance les puissances de l'Entente ; mais elle a englouti d'immenses richesses ; elle a fait subir aux Alliés des pertes s'élevant à plusieurs dizaines de milliards ; elle a laissé la marine marchande française amputée de un million de tonnes ; elle a fait perdre à l'Angleterre 9 millions de tonnes, c'est-à-dire la moitié du tonnage de sa flotte commerciale.

*
* *

Pour être complet, il faut aussi mentionner la part qui revient aux corsaires camouflés dans les résultats de la guerre commerciale. L'Allemagne les fit agir après la destruction de tous les croiseurs qui opéraient dans les mers lointaines, en spéculant sur la difficulté

1. 338.341 tonnes en janvier ; 383.175 tonnes en février ; 426.631 tonnes en mars ; 305.102 tonnes en avril ; 355.694 tonnes en mai ; 275.629 tonnes en juin ; 313.011 tonnes en juillet ; 327.675 tonnes en août ; 239.600 tonnes en septembre ; 177.000 tonnes en octobre dont 111.000 seulement du fait des sous-marins.

d'identifier des bâtiments qui ne se distinguaient pas de tous les navires de commerce alliés ou neutres.

On ne peut nier que ces corsaires n'aient eu un succès relatif puisque l'un d'eux, le *Moeve*, put faire impunément deux croisières et que le *Wolf*, après avoir tenu la mer pendant 15 mois, réussit à revenir au port. Si le *Seidler* eut une existence moins longue, la cause en est à un accident de mer et n'est pas le fait des Alliés. En somme, il n'y a que le *Greif* qui ait été coulé. Malgré l'impunité dont ont joui la plupart de ces corsaires, leur influence fut négligeable. Ils ont échappé aux croisières alliées parce qu'ils étaient peu nombreux tout en opérant sur d'immenses étendues de mer et qu'ils agissaient avec une extrême circonspection ; mais c'est précisément pour ces deux raisons qu'ils ne pouvaient peser d'aucun poids sur les événements. Voici d'ailleurs des chiffres probants. En 15 mois, le *Wolf* a coulé ou pris une vingtaine de navires, ce qui fait une moyenne de quatre navires par trimestre. Lorsqu'il a été capturé, le commandant du *Seidler* s'est vanté d'avoir coulé 23 navires ; mais sur ce nombre il y avait une majorité de petits voiliers de très faible tonnage. Or, nombreux sont les sous-marins qui, en un mois, ont obtenu des résultats que le *Wolf* et le *Seidler* ont mis, l'un 15 mois, l'autre 7 mois, à obtenir.

Les corsaires camouflés ajoutent une page originale à l'histoire de la guerre de course ; mais leur influence fut insignifiante et il n'y a pas lieu de la retenir.

*
* *

Si l'on veut tirer de la guerre commerciale des déduc-
tions pour l'avenir, il faut faire une distinction très
nette entre l'action des croiseurs dans les mers lointaines
et celle des sous-marins dans les eaux européennes.

Tant que l'Angleterre conservera l'hégémonie maritime, la guerre de course proprement dite, sous son
ancienne forme, ne permettra jamais de l'amener à
composition. Les croiseurs corsaires succomberont
fatalement au bout d'un temps plus ou moins long
devant d'autres croiseurs plus nombreux et individuel-
lement plus puissants. C'est une vérité élémentaire que
n'ont jamais pu comprendre ceux qui, en France, ont
préconisé la course comme un moyen de réduire l'Angleterre. Sans doute les croiseurs, avant d'être coulés
ou obligés de se réfugier dans les eaux neutres, feront
subir au commerce des pertes sérieuses, mais ce serait
une erreur de considérer celles-ci d'un point de vue
abstrait ; il faut mettre en parallèle le préjudice que
subit en même temps l'ennemi du fait de la suppression
de ses transactions maritimes. La course ne s'est donc
pas montrée plus dangereuse pour l'Angleterre au
xxᵉ siècle qu'elle ne l'a été au xviiiᵉ siècle ; mais elle
s'est révélée comme un puissant moyen de diversion.
L'Angleterre fut contrainte à un formidable déploiement de forces pour paralyser l'action de l'escadre de
l'amiral von Spee dont la mobilité faisait peser une
menace dans le Pacifique et l'Atlantique. Ces cinq croi-

seurs, dont deux seulement avaient une valeur militaire
sérieuse, nécessitèrent la création de cinq escadres et
immobilisèrent 3 cuirassés, 4 croiseurs de combat,
12 croiseurs-cuirassés, 9 croiseurs légers. D'après un
communiqué de l'Amirauté britannique, le nombre
des bâtiments lancés à la poursuite des croiseurs
allemands atteignit 70, au mois de novembre 1914.
On se rend compte, d'après les chiffres ci-dessus,
de l'effort qui a dû être fait. Dans les conditions où
s'est déroulé le conflit, il n'en est pas résulté d'inconvénients pour l'Angleterre ; mais il n'en eût peut-être
pas été de même si l'Allemagne avait eu à sa disposition des points d'appui fortifiés dans les mers lointaines. Des bâtiments puissants, cuirassés et croiseurs
de combat, s'appuyant sur ces bases, auraient pu
soutenir les petits croiseurs qui croisaient sur les
routes commerciales. Pour faire face à cette menace
autrement dangereuse que celle des deux croiseurs-
cuirassés de l'Amiral von Spee, l'Angleterre aurait
été obligée de distraire de la « grande flotte » un
nombre si considérable d'unités que ses adversaires
auraient peut-être pu rechercher avec avantage le
combat sur le théâtre principal des opérations. C'est-
à-dire que la guerre de course crée des centres d'action
secondaires et, par des déplacements de forces, elle
permet de remporter des succès partiels sur les
théâtres secondaires tout en affaiblissant l'ennemi sur
le théâtre principal.

Que la course soit un moyen de diversion puissant,

ce n'est pas une conclusion nouvelle [1] ; mais la dernière guerre a donné à ce principe un relief particulier.

En matière de guerre commerciale, il ne faut jamais perdre de vue que les conditions ne sont plus les mêmes suivant que l'Angleterre est, ou n'est pas impliquée dans le conflit. La capture des bâtiments marchands est singulièrement facilitée lorsque, sur 20 navires rencontrés, 19 appartiennent à l'ennemi ; et c'est bien ainsi que les choses se sont passées dans certaines régions, et en particulier dans l'Océan Indien. Au contraire, si les corsaires sont obligés de visiter minutieusement 19 navires neutres pour y découvrir de la contrebande de guerre avant d'en capter un seul, il est évident qu'ils seront plus facilement découverts et poursuivis, car leur présence sera facilement repérée.

On doit ajouter que l'usage de la télégraphie sans fil n'était pas encore assez répandu à bord des bâtiments de commerce au début de la guerre pour contribuer à la protection de la marine marchande. Elle offrira dans l'avenir un moyen efficace de signaler la position des corsaires, et ceux-ci ne pourront plus, comme l'*Emden,* rester pendant plusieurs jours de suite dans le voisinage immédiat d'un port ennemi qui servait de base à des croiseurs.

On peut se demander si l'Allemagne a eu raison d'entreprendre un genre de guerre qui lui a coûté tous les croiseurs qu'elle y a consacrés. Il est probable que

---

1. Voir : l'Esprit de la Guerre Navale ; *Tome I, la Stratégie.*

l'état-major de la marine allemande ne s'est jamais fait illusion sur le sort qui était réservé à ces croiseurs. S'ils n'avaient pas été utilisés à faire la course, ils auraient été obligés de désarmer dans des ports neutres où on les aurait retrouvés après la guerre ; mais ils auraient été alors complètement démodés. Tandis qu'ils ont fait subir aux Alliés des pertes sensiblement supérieures à leur valeur, car ils leur ont coulé près de 300.000 tonnes de matériel naval. Il semble donc que le meilleur parti était encore de les faire agir le plus longtemps possible.

* *
*

La guerre commerciale entreprise par les sous-marins présente un caractère très différent de la guerre de course proprement dite et les conclusions qui précèdent ne peuvent lui être appliquées tant que le sous-marin échappera dans une certaine mesure à la loi du nombre.

. Nous ne nous occuperons pas ici du côté humanitaire de la question. Les crimes commis par l'Allemagne n'engagent qu'elle et ne sauraient constituer un précédent pour justifier des procédés analogues. Aussi bien, cette nation n'aurait pas pu les commettre impunément si la guerre n'avait pas été presque générale et si les nations neutres dont elle coulait les bâtiments sans sauver les équipages avaient été en mesure de se défendre. La preuve en est dans les concessions qu'elle a dû faire aux États-Unis. Nous n'envisagerons donc que le côté militaire du sujet.

On ferait fausse route si l'on cherchait à tirer des conclusions relatives à la guerre sous-marine sans tenir compte des conditions du dernier conflit. Celui-ci a présenté plusieurs particularités qui ne se représenteront peut-être jamais et qui ont influé sur les événements. On remarquera tout d'abord que nos ennemis n'arrivèrent aux chiffres élevés qui caractérisèrent l'année 1917 qu'en foulant aux pieds les droits des neutres. Ce procédé sommaire a provoqué l'intervention de plusieurs nations et, en particulier, celle des États-Unis. Les magnifiques tableaux — erronés d'ailleurs — que l'Amirauté germanique offrait à l'admiration des naïfs teutons ont donc eu une contre-partie dans l'augmentation de puissance qu'a donnée aux Alliés le concours américain ; et, en définitive, le bénéfice a été pour nous, car, après la trahison russe, nous avions besoin de l'assistance américaine. La façon inhumaine dont les Allemands ont pratiqué la guerre sous-marine nous l'a procurée.

Une autre particularité du dernier conflit est qu'un seul des deux partis opposés a pu conserver des transactions interocéaniques. La conséquence de cette situation a été que, à partir de 1917, lorsque l'Allemagne eut déclaré qu'elle coulerait indifféremment les neutres et les belligérants, la tâche de ses sous-marins s'est trouvée singulièrement facilitée. Il n'a fallu rien de moins que cette circonstance pour obtenir des résultats importants. L'avantage qui en devait résulter pour l'ennemi était tel que, dès le début de la guerre, par son memorandun de février 1915, l'Allemagne cherchait déjà à se soustraire aux formalités d'arraisonnement qui étaient fort dangereuses pour ses sous-marins. Le memorandum de 1916 n'eut pas d'autre but ; mais les neutres ne s'étant pas laissé convaincre, l'Allemagne en arriva au memorandum de janvier 1917 qui la débarrassait de toute contrainte envers les neutres.

Supposons maintenant une guerre n'ayant pas un caractère mondial, et se déroulant dans des conditions normales ; il serait impossible de tirer de l'action des sous-marins des résultats analogues à ceux qu'ont obtenus les Austro-Allemands. L'exemple des États-Unis qui furent obligés de prendre part à la lutte pour sauvegarder leur souveraineté enlèvera désormais aux belligérants toute envie de traiter les neutres comme une quantité négligeable. La navigation neutre restera donc active et les deux adversaires seront peut-être à même de conserver l'un et l'autre des transactions maritimes, tout au moins dans une mesure restreinte. Dès lors, il ne sera plus possible aux sous-marins de couler en aveugles tous les bâtiments qu'ils rencontreront. Il leur faudra renoncer aux torpillages sans avertissement, reconnaître les navires avant de les détruire. Ce qui revient à arraisonner tous les bâtiments arrêtés, car, tout naturellement, ceux qui seraient susceptibles d'être capturés n'arboreront pas les marques de leur nationalité[1]. C'est-à-dire que les sous-marins seront obligés d'opérer comme les croiseurs, mais comme ils courront de plus grands risques que ces derniers, étant plus vulnérables et pouvant être coulés par le plus modeste bâtiment armé, ils perdront la plus grande partie de leur efficacité.

Des considérations qui précèdent, on peut tirer les deux conclusions suivantes.

La première est que le succès relatif de la guerre sous-marine commerciale a tenu à des circonstances spéciales et, en particulier, au fait que le dernier conflit a mis aux prises les empires centraux avec toutes les grandes nations du monde.

La seconde est que, dans une guerre qui laisserait en dehors des hostilités une importante navigation neutre, la protection du commerce doit être basée sur l'armement des bâtiments marchands, sans négliger pour cela tous les autres moyens de destruction des sous-marins. Au contraire, dans les régions où tout navire rencontré peut être présumé ennemi, le système des convois escortés par des bâtiments « contre-sous-marins » est préférable.

1. Avec un pot de peinture et un pinceau, il est facile de changer le nom d'un navire. Dans les mers de Chine où se trouvait l'auteur au commencement des hostilités tous les vapeurs allemands étaient maquillés ; plusieurs d'entre eux, en hissant le pavillon anglais, purent échapper ainsi à des croiseurs qui ne disposaient pas toujours du temps nécessaire pour les visiter. Lorsque la *Macedonia* fut capturée par le *Gloucester*, elle battait pavillon hollandais et s'appelait *Hendrik*. Le *Moeve* battait pavillon suédois ; le *Seidler* naviguait sous le nom d'*Irma* et avait les couleurs norvégiennes.

Ces conclusions ne sont pas rigoureuses ; elles s'appliquent à l'état de choses tel qu'il existait à la cessation des hostilités, mais elles peuvent être infirmées par les perfectionnements qu'on s'efforcera d'apporter aux qualités défensives des sous-marins et aux moyens de les détruire. Il faut chercher dans la guerre des enseignements d'ordre général ; il faut éviter d'en tirer des formules rigides s'appliquant à tous les temps.

*
* *

L'un des caractères particuliers du dernier conflit a été de créer aux neutres une situation intolérable.

Que l'Allemagne les ait assimilés aux belligérants et les ait soumis au même traitement, c'est déjà une de ces monstruosités qui d'ailleurs a porté en soi son châtiment ; mais la nature de la guerre a eu pour eux d'autres conséquences. Toutes les nations neutres étaient obligées de conserver des relations économiques avec les Alliés ; les unes ne pouvaient se passer du charbon anglais ; les autres avaient un besoin absolu des denrées alimentaires de l'Amérique ; les unes et les autres, pour payer leurs achats, exportaient les produits qui faisaient défaut aux Alliés. Mais, pour toutes ces transactions, les navires neutres se sont trouvés dans des conditions plus défavorables que ceux des Alliés parce qu'ils ne bénéficiaient que d'une façon restreinte des mesures de protection que les belligérants appliquaient à leurs navires. Aussi les neutres furent-ils proportionnellement plus éprouvés que les Alliés par la guerre commerciale. Ils furent acculés au dilemme suivant : mourir de consomption ou courir des risques plus élevés que les belligérants. C'est pour échapper à ces deux alternatives peu réjouissantes que certains armateurs vendirent leurs navires aux Alliés, tandis que d'autres, en particulier dans les pays scandinaves, demandèrent la protection des bâtiments de guerre anglais, comme le fait s'était déjà produit au xviie et au xviiie siècles.

D'un autre côté, plusieurs nations ne possédaient pas une marine commerciale suffisante pour satisfaire à leurs besoins économiques ; avant la guerre elles étaient tributaires de l'Angleterre et de l'Allemagne pour leurs transactions maritimes. Lorsque le tonnage se raréfia, par suite des exigences militaires et des pertes occasionnées par les sous-marins, ces nations se trouvèrent en face de difficultés presque insurmontables pour faire traverser l'Atlantique aux produits indispensables; elles ne purent se tirer d'affaire que grâce à la complaisance de l'Angleterre et des États-Unis. La guerre a ainsi démontré la nécessité pour toutes les nations de posséder une marine nationale capable d'assurer leur indépendance économique. La Suisse elle-même devra se constituer une flotte commerciale. Quant à la France, s'il est un enseignement qui saute aux yeux en matière économique, c'est l'obligation pour elle de développer la marine marchande de façon à la mettre en rapport avec les besoins du pays.

* *

Pour clore ce chapitre nous donnons le bilan de la guerre commerciale au 1er janvier 1918.

A cette date, les pertes occasionnées aux Alliés et aux neutres par les croiseurs, les corsaires et les sous-marins ennemis s'élevaient à 11.827.572 tonnes, dont 7.079.492 pour l'Angleterre. Pendant la même période, 6.606.275 tonnes de constructions neuves et 2.589.000 tonnes de prises austro-allemandes avaient partiellement comblé le déficit.

Les pertes annuelles se sont décomposées de la façon suivante :

ANNÉES	ANGLETERRE	ALLIÉS ET NEUTRES
1914.	468 728 tonnes.	212 635 tonnes.
1915.	1 103 379 —	621 341 —
1916.	1 497 848 —	1 300 018 —
1917.	4 009 537 —	2 614 086 — [1]

Voici maintenant le tableau des constructions neuves.

ANNÉES	ANGLETERRE	ALLIÉS ET NEUTRES
1914.	675 610 tonnes.	337 310 tonnes.
1915.	650 919 —	551 081 —
1916.	541 552 —	1 146 448 —
1917.	1 163 474 —	1 539 881 —

1. Au moment de la signature de l'armistice on a dit plus haut que le tonnage perdu par l'Angleterre était de 9 millions de tonnes, et celui de la France de un million.

Le tonnage pris à l'ennemi en mer ou dans les ports des Alliés au commencement des hostilités n'a pas atteint un million de tonnes ; mais ce tonnage s'est considérablement accru ultérieurement par suite de l'entrée en guerre de nations dont les ports servaient de refuge aux navires allemands. Le compte des 2.600.000 tonnes pris aux Austro-Allemands s'établit comme suit :

ANNÉES	ANGLETERRE	ALLIÉS
1914.	733 500 tonnes.	458 000 tonnes.
1915.	11 500 —	7 500 —
1916.	3 500 —	896 500 —
1917.	11 500 —	1 047 000 —

La lecture de ces tableaux montre que les renseignements qu'ils contiennent sont de source anglaise. Il eût été intéressant de connaître le décompte de chacun des Alliés, et en particulier celui de la France, dans les pertes et les constructions neuves ; mais le département de la marine française ne put jamais se résoudre à faire connaître au pays la situation exacte.

CHAPITRE VII

L'ATTAQUE ET LA DÉFENSE DES COTES

Les opérations contre les côtes ont été très nombreuses, mais elles n'ont pas eu toutes le même caractère.

Dans le Nord, les Allemands se sont d'abord contentés de faire des raids jusqu'à la côte d'Angleterre et de lancer des obus sur des villes ouvertes. Ces expéditions flibustières constituaient un retour vers les méthodes de guerre en usage au moyen âge, à l'époque où il n'y avait pas encore de droit international. Un beau jour, l'une de ces expéditions se heurta à une force anglaise et fut étrillée ; cette fâcheuse affaire marque la fin des raids des croiseurs allemands.

Ce sera toujours de cette façon que finiront les expéditions de ce genre, et c'est l'enseignement que nous devons en retenir. Comme il est impossible de protéger efficacement les côtes en disséminant ses forces tout le long du littoral, l'ennemi a toujours la faculté de paraître inopinément en un point quelconque et de s'en retourner aussitôt ; mais, s'il est inférieur en forces, il n'en court pas moins des dangers sérieux, car il est toujours exposé à trouver l'ennemi sur sa route. Tôt ou tard le choc se produit et l'on renonce alors à un jeu qui coûte plus cher qu'il ne rapporte.

Dans l'Adriatique, après l'intervention de l'Italie, on a pratiqué à peu près le même système de raids avec cette différence toutefois que l'objectif a toujours eu un but militaire. Après deux mois et demi d'une activité stérile, les raids contre les côtes ennemies s'espacèrent et n'eurent plus lieu que de loin en loin. Ils étaient d'ailleurs pratiqués par de petites unités et ne pouvaient de ce fait avoir une grande portée.

Dans aucune de ces opérations, il n'y eut de lutte méthodique entre bâtiments et batteries. Cette forme classique de l'attaque des côtes se retrouva aux Dardanelles, dans les Flandres et enfin dans la Baltique lorsque les Allemands s'emparèrent des îles qui se trouvent à l'ouverture du golfe de Riga. Nous ne retiendrons pas cette dernière expédition ; l'état de décomposition de la Russie ne permettait pas à cette puissance d'opposer une résistance quelconque.

L'attaque des défenses des Dardanelles constitue l'effort le plus considérable qui ait jamais été tenté pour réduire les défenses côtières en vue de franchir un passage. Les moyens mis en œuvre étaient formidables ; les résultats furent faibles. Tant que les bâtiments ne s'attaquèrent qu'aux forts extérieurs, l'opération se présenta sous un jour favorable : on réussit à éteindre le feu des batteries en les attaquant avec des forces bien supérieures et l'on jeta ensuite des détachements à terre pour achever la destruction des ouvrages. Les personnes qui suivaient les événements sans connaître la configuration des lieux ne doutèrent plus alors du succès parce qu'elles croyaient que l'on pourrait réduire successivement toutes les batteries dans les mêmes conditions que celles de Seddul-Bahr et du cap Hellès. Mais lorsqu'il fallut attaquer les deux principales lignes de défense dont les feux se croisaient et se soutenaient, la situation changea et les bâtiments dépensèrent leurs munitions sans résultat appréciable. Sans doute, les champs de mines empêchèrent les bâtiments de s'approcher à une distance efficace, mais les mines font normalement partie du système de défense du front de mer, et d'ailleurs si les vaisseaux avaient pu attaquer les batteries intérieures de plus près, ils auraient été beaucoup plus éprouvés par le tir des ouvrages terrestres.

Dans les Flandres les opérations consistèrent d'abord à soutenir le flanc gauche de l'armée belge et elles empêchèrent ainsi Nieuport de tomber aux mains des Allemands. Les navires alliés portèrent ensuite leur effort sur Zee-Bruges où l'ennemi avait constitué un point d'appui pour ses torpilleurs et ses sous-marins ; mais bientôt il fallut entrer en lutte avec toutes les batteries qui avaient été élevées le long de la côte de Flandre. Il est difficile de dire quel fut le résultat de tous ces bombardements. Leur répétition même indi-

que qu'ils n'avaient pas un effet décisif et, à la signature de l'armistice, on trouva les batteries allemandes
en place. Il ne faudrait pas cependant en conclure à
leur inefficacité absolue, car les attaques du front de
mer étaient souvent combinées avec les opérations de
l'armée de terre et avaient pour but de faire diversion.

En définitive, l'expérience acquise aux Dardanelles
et dans les Flandres démontre que la situation relative
des bâtiments par rapport aux batteries ne s'est pas
modifiée ; l'avantage est nettement en faveur de ces
dernières parce qu'elles sont peu visibles et que, pour
les réduire, il faut détruire successivement chaque
canon ; tandis qu'il suffit d'un coup heureux pour
mettre hors de combat un cuirassé. Un front de
mer organisé sur des bases rationnelles avec des
ouvrages dont les feux se croisent et se soutiennent
tiendra facilement l'ennemi à distance s'il est armé
avec des pièces d'une portée égale à celle des navires ;
il remplira efficacement son but qui est de tenir l'ennemi
éloigné de la place. C'est la conclusion à laquelle on
était arrivé déjà après les guerres hispano-américaine
et russo-japonaise et à laquelle durent se ranger les
Alliés lorsqu'ils se décidèrent, après l'échec des bâtiments, à envoyer des troupes aux Dardanelles. Il était
malheureusement trop tard et l'expédition fut montée
dans des conditions si anormales qu'elle mérite de
retenir l'attention.

Dans cette fâcheuse affaire des Dardanelles, la conception était juste, mais l'exécution fut menée en oppo-

sition avec toutes les règles consacrées par l'expérience ;
il n'est donc pas étonnant qu'elle ait abouti à un échec.
Au début de 1915, les Alliés savaient pertinemment
que les Turcs n'avaient d'autres troupes dans la presqu'île de Gallipoli que l'armement des forts ; on eût
donc pris possession sans coup férir de tous les forts
de la rive Nord du détroit si on avait agi par surprise
et si on avait débarqué 40.000 hommes, en même
temps que les cuirassés auraient attaqué de front les
batteries.

On adopta une ligne de conduite diamétralement
opposée. On concentra peu à peu des cuirassés à
Moudros, ce qui indiquait nettement qu'on préparait
une action contre les forts ; on ne songea à faire intervenir les troupes qu'après l'échec des navires, mais
déjà la presqu'île avait été mise en état de défense et
on n'osa pas tenter le débarquement avec des effectifs
insuffisants ; on attendit donc l'arrivée de renforts et
lorsque le débarquement eut lieu, les Turcs avaient eu
le temps de terminer leurs préparatifs. Généralement
un corps expéditionnaire qui cherche à prendre pied
sur le sol ennemi choisit le point de débarquement
où il rencontrera la moindre résistance. Dans le cas
actuel on procéda à l'opposé. Le débarquement s'ef-
fectua à un endroit très accidenté, facile à défendre
et que l'on savait fortement occupé par l'ennemi. En
sorte qu'on a pu dire que les Turco-Germains n'auraient
pas pu désirer un endroit qui leur fût plus favorable.
L'opération réussit cependant grâce au feu des vais-

seaux qui soutenaient les troupes, mais il coûta des pertes considérables et il s'en fallut de bien peu que les Alliés ne fussent jetés à la mer.

Cette expédition des Dardanelles est particulièrement instructive ; elle fournit un exemple remarquable de ce qu'il ne faut pas faire. On doit en retenir cependant le moyen inédit et original qu'employèrent les Anglais pour mettre rapidement à terre un fort contingent de troupes. Le vapeur *River-Clyde* se jeta délibérément à la côte à Seddul-Bahr au point choisi pour le débarquement ; il n'était pas encore échoué que deux grandes ouvertures pratiquées à l'avant, de chaque bord, se démasquaient et livraient passage aux troupes qui gagnèrent la terre sur des passerelles établies à l'avance, le long des flancs du navire.

Nous ne mentionnons que pour mémoire les nombreux débarquements que les Anglais effectuèrent pour conquérir les colonies allemandes parce que l'ennemi ne fut pas en mesure de s'y opposer.

* *

La stérilité du duel classique entre les batteries et les vaisseaux, les risques que couraient ces derniers, orientèrent les opérations contre la terre dans une voie nouvelle. D'un côté comme de l'autre, les bombardements furent confiés aux forces aériennes ; ils prirent dans la deuxième phase de la guerre un tel développement sous cette forme nouvelle qu'ils étaient presque quotidiens dans le Pas de Calais et l'Adriatique, c'est-à-dire dans les régions où l'action des avions était facilitée par le voisinage des territoires ennemis. Mais la distance elle-même ne mit pas les côtes à l'abri des avions et on se rappelle les opérations entreprises par les Anglais avec des escadrilles transportées sur des bâtiments.

Les attaques aériennes offrent plusieurs avantages sur celles qui sont effectuées par des cuirassés. Elles permettent d'atteindre directement les objectifs, et ainsi se trouve annihilé tout l'ensemble des défenses qui constitue le front de mer des places maritimes et qui a pour but de tenir à distance l'assaillant ; elles mettent en jeu un matériel relativement peu important ; enfin les avions peuvent maintenant porter des bombes dont la charge explosive est plus considérable que celle des obus du plus gros calibre.

Pour ces diverses raisons, on doit s'attendre à voir désormais les attaques contre les côtes prendre la forme de bombardements aériens, sauf dans quelques cas particuliers. Lorsque les avions ne pourront pas atteindre d'un seul vol jusqu'aux côtes ennemies à cause de la distance, ils seront amenés dans le voisinage de leur objectif par des bâtiments aménagés spécialement pour porter un grand nombre d'appareils. On sait que l'Angleterre a consacré à ce service pendant la guerre plusieurs bâtiments du plus fort tonnage.

Notre système de défense des côtes n'est donc plus adapté aux conditions actuelles ; il est à réorganiser de fond en comble pour tenir compte du facteur aérien. Les attaques se produiront à l'avenir sans qu'un seul bâtiment soit en vue des côtes ; aux anciennes batteries devront se substituer des batteries anti-aériennes et des escadrilles pour les contre-attaques ; les bâtiments porte-avions ne pourront être atteints au large que par des sous-marins, si l'ennemi est maître de la mer.

C'est à la marine qu'incombera la nouvelle organisation ; on sait en effet qu'elle doit assumer désormais la charge de la défense des fronts de mer. Il n'en était pas ainsi précédemment ; les batteries du littoral relevaient de la guerre et devaient être armées avec du personnel de ce département. Cette disposition avait fait l'objet depuis longtemps de nombreuses critiques ; on disait que, pour combattre des bâtiments, les marins étaient mieux qualifiés que les soldats, mais le ministère de la guerre paraissait tenir beaucoup à son privilège. On sait ce qui advint : à peine les hostilités étaient-elles commencées que la rue Saint-Dominique fit appel à la rue Royale pour armer et commander les batteries. Un conflit avec l'Allemagne n'était cependant pas une éventualité imprévue ; c'était même la seule qui eût été envisagée ; le ministère de la guerre devait donc savoir à l'avance qu'il aurait besoin de tous ses artilleurs sur le front de terre. Quoi qu'il en soit, il fallut improviser une solution ; et il en résulta une de ces situations paradoxales qui font le bonheur des bureaucraties. Le matériel continua à appartenir à la guerre, mais les batteries furent commandées par des officiers de marine et armées avec un mélange de marins et de soldats.

On s'est maintenant rendu compte que la défense des côtes ne doit pas dépendre d'un département qui passe la main au voisin dès qu'il faut passer à l'action.

Comme les militaires ne sont pas à même de suivre d'aussi près que les marins les incessants progrès de l'artillerie navale, ils avaient armé les batteries côtières avec des canons qui avaient de réelles qualités, qui tiraient un obus très puissant, mais dont la portée n'était pas supérieure à 8.000 mètres ; alors que les grosses pièces des navires étrangers pouvaient tirer jusqu'à 16.000 ou 17.000 mètres. Si donc de grosses unités allemandes avaient pu se présenter devant nos côtes, elles auraient bombardé les grandes agglomérations maritimes et les arsenaux sans avoir rien à craindre de nos fronts de mer. Comme ces vaisseaux ne sont pas venus, la plus grande partie des pièces fut envoyée sur le front de terre. Il est inutile de les faire revenir ; elles constitueraient une protection illusoire. Et d'ailleurs, la portée de pièces de marine a considérablement augmenté pendant la guerre, et les derniers bombardements de la côte belge furent effectués par des monitors anglais qui tiraient à plus de 25.000 mètres.

CHAPITRE VIII

L'EMPLOI DES MINES

La guerre russo-japonaise avait déjà donné l'exemple d'un emploi généralisé des mines ; la guerre anti-germanique a donné à l'utilisation de ces engins une extension encore plus grande. Ce n'est pas par milliers, c'est par centaines de milliers qu'elles ont été semées.

Comme il fallait s'y attendre, elles furent d'abord utilisées par les puissances qui avaient sur mer l'infériorité.

Le premier acte de guerre de l'Allemagne fut de faire mouiller un champ de mines à 60 milles des côtes anglaises par le petit paquebot rapide *Kœnigin-Luise* qui fut d'ailleurs aperçu et coulé. Pendant tout le mois d'août, les mouillages de mines se multiplièrent et le 23, l'Amirauté anglaise avertissait les neutres que les mines allemandes étaient semées au hasard, malgré les stipulations de la Haye, et constituaient un danger très sérieux pour la navigation.

Cependant les bâtiments de surface allemands utilisés comme mouilleurs de mines ne pouvaient pas opérer en dehors de la mer du Nord sans courir au-devant d'une destruction certaine. C'est pourquoi l'Allemagne leur substitua des sous-marins aussitôt qu'elle se fût rendu compte de leur efficacité. Les premiers navires de l'espèce, assez rudimentaires, n'avaient pas un grand rayon d'action ; mais, en prenant Zeebruges pour base, ils purent inonder de mines le Pas de Calais et les abords des ports de la Manche. A mesure qu'entraient en service de nouvelles unités, douées de qualités supérieures, les zones minées s'étendirent de plus en plus et elles englobèrent finalement toutes les côtes d'Angleterre et tous les ports français de l'Atlantique. Dans le Pas de Calais, les mines étaient à peine draguées qu'elles étaient remplacées par d'autres.

La marine anglaise également utilisa les mines dans la mer du Nord ; mais en se servant de procédés très différents de ceux des Allemands. Elle établit des barrages pour interdire, ou plutôt contrarier, l'accès de certaines régions ; mais, en même temps, elle avertissait les neutres pour leur permettre de naviguer avec sécurité. C'est ainsi que, dès le 4 octobre 1914, l'Amirauté anglaise faisait une déclaration au sujet de l'emplacement d'un champ de mines qui avait évidemment pour but de barrer le Pas de Calais ; ce barrage fut d'ailleurs inefficace. En novembre, elle mettait en garde contre les dangers qu'offrait la navigation entre les Hébrides et l'Islande ; elle indiquait la route que devaient suivre les bâtiments neutres qui se rendaient en Hollande, au Danemarck, en Suède et en Norvège ;

elle rendait obligatoire l'assistance d'un pilote pour
pénétrer dans les rivières Humber et Tyne, dans le
Firth of Forth, et le Firth of Moray, ainsi que dans
les eaux de la Scarpa. En 1917, en réponse à la guerre
sous-marine sans merci, L'Amirauté déclarait dangereuse, en raison de la présence des mines, une zone
qui s'étendait dans l'Ouest des côtes d'Allemagne, et
qui fut élargie en avril, puis en juillet; en mai 1918,
elle annonça la création d'un vaste champ de mines entre
la Norvège et les Shetlands, et lorsque l'armistice fut
signé, elle se préparait à donner une extension encore
plus grande à ses champs de mines.

*
* *

Dans l'Adriatique, comme dans le Nord, l'ennemi
commença d'abord par se protéger par des barrages
contre l'action de nos vaisseaux. Le premier bâtiment
autrichien aperçu par l'armée navale était un mouilleur
de mines, la *Zenta,* qui fut coulé au sud de Cattaro le
11 août pendant qu'il procédait à des mouillages.

Dans l'Adriatique, les mines n'étaient dangereuses
que dans la partie nord où règnent des fonds inférieurs
à cent mètres; dans la partie méridionale que l'armée
navale était obligée de fréquenter pour le ravitaillement
du Monténégro, les mines n'étaient pas redoutables parce
que les grands fonds commencent près de la côte; en fait
elles n'occasionnèrent alors d'autre perte que celle de
la *Dague* qui fut coulée sur la rade même d'Antivari.

Après l'intervention de l'Italie, Italiens et Autrichiens multiplièrent les champs de mines et dans le golfe de Trente, il y avait un véritable enchevêtrement de mines italiennes et autrichiennes.

* *

En dehors de l'Adriatique, les mines ne pénétrèrent dans la Méditerranée qu'avec les sous-marins. Les premiers mouilleurs de mines de l'espèce, envoyés d'Allemagne à Pola par tranches, ne dépassèrent pas le golfe de Tarente ; l'un d'eux fut coulé devant l'entrée même du port par l'explosion accidentelle d'une des mines qu'il venait de mouiller. En 1916, de grands sous-marins mouilleurs de mines vinrent d'Allemagne par la voie de mer. Les deux premiers marquèrent leur passage. L'un d'eux établit un champ de mines à l'embouchure du Tage ; l'autre devant Malte. Ce dernier banc provoqua la perte du cuirassé anglais *Russell* et de plusieurs petites unités. A partir du milieu de 1916, les champs de mines s'étendirent peu à peu dans toute la Méditerranée ; on en trouva devant tous les ports des Alliés, depuis Port-Saïd jusqu'à Oran, et sur tous les petits fonds qui se trouvaient sur la route des navires.

Les Alliés ne firent qu'un usage modéré des mines dans la Méditerranée. Après l'évacuation des Dardanelles, un barrage fut établi à la sortie du détroit ; les Allemands connaissaient évidemment sa présence, mais ne surent pas déterminer ses limites. Le *Gœben* et le *Breslau* se jetèrent dessus ; le *Breslau* fut coulé et le *Gœben* fut avarié. Les Alliés mouillèrent également des mines devant quelques points importants des côtes d'Asie Mineure et de Syrie, tels que Smyrne, Beyrouth, Marmarice, Boudroum ; mais on s'en tint là, ce qui s'explique tout naturellement par le fait que les bâtiments de surface alliés étant seuls à fréquenter la Méditerranée, il y avait intérêt à ne pas contrarier leur navigation.

* *

A partir de 1916, l'Allemagne fit intervenir des mouilleurs de mines d'un nouveau genre qui, ne faisant que traverser les mers européennes et opérant ensuite dans les régions lointaines, étaient moins exposés à être découverts par les croiseurs alliés. Ces bâtiments, dont il a été fait mention dans un chapitre précédent, étaient camouflés en cargos neutres.

Le premier du genre fut le *Mœwe* qui déposa en passant sur la côte ouest d'Angleterre des mines sur lesquelles coula le *King Edward VII* ; il vint ensuite établir un vaste champ de mines entre l'embouchure de la Loire et l'embouchure de la Gironde. Le *Wolf*, qui succéda au *Mœwe* opéra surtout dans l'Océan Indien ; il avait un énorme approvisionnement de mines, ce qui lui permettait d'en donner aux bâtiments capturés qu'il armait avec des équipages de prise. C'est le

Wolf et ses annexes qui mouillèrent des mines au Cap de Bonne-Espérance, devant Bombay, dans le golfe d'Aden et le détroit de Périm, en Nouvelle-Zélande, en Australie.

En résumé, l'Allemagne, malgré son infériorité sur mer, réussit à poser des mines dans toutes les mers du globe, sauf peut-être le Pacifique. On en trouva même dans le canal de Suez et à Akaba, dans le Nord de la mer Rouge, où il s'en fallut de peu que le *Montcalm* ne sautât.

On est en droit de se demander si les résultats furent en rapport avec cet immense effort. Les mines n'eurent pas, à beaucoup près, un rendement comparable à celui des torpilles ; sans doute, elles firent de nombreuses victimes parce que les Alliés n'étaient pas préparés à une extension aussi considérable de leur emploi ; mais lorsqu'on eut organisé des dragages méthodiques aux abords des ports où on avait négligé d'en faire, on arriva rapidement à faire baisser le chiffre des pertes ; il est juste de reconnaître que ce fut au prix d'un nombre considérable de dragueurs.

A l'avenir, on sera mieux outillé pour combattre le danger des mines ; les bâtiments de guerre seront munis de dispositifs qui les protégeront contre les explosions ; les convois de bâtiments de commerce seront précédés de grands dragueurs qui dégageront la route sans diminuer la vitesse du convoi. Quant aux petits dragueurs, beaucoup de ceux qui ont été utilisés pour déblayer les abords des ports étaient mal appropriés à

leur rôle ; ils avaient un tirant d'eau trop élevé et pas
assez de masse. Il semble que des bâtiments à roues
puissent plus facilement que des navires à hélices remplir les conditions voulues.

* *

L'usage qu'a fait l'Allemagne des mines violait les
conventions internationales ; il faisait courir aux neutres
les mêmes dangers qu'aux belligérants. La question se
pose donc maintenant de régler leur emploi. Il sem-
blerait logique de n'admettre le mouillage des mines
que dans les eaux territoriales des belligérants ; les
dérogations que, dans des cas particuliers, on pourrait
être autorisé à apporter à cette règle devraient toujours
comporter l'indication de l'emplacement des champs
de mines, comme l'ont fait les Anglais. Il serait sans
doute facile de s'accorder sur ces principes ; la difficulté
est de les faire exécuter. On ne peut oublier que l'Allemagne n'a cessé de renier sa signature et de violer ses
engagements ; il n'y a donc pas pour elle de conventions ni de droit international. Dans ces conditions, la
seule solution est de la mettre pour toujours dans
l'impossibilité de nuire.

CHAPITRE IX

L'UTILISATION MARITIME
DE L'AÉRONAUTIQUE

Le rôle de l'aviation maritime, d'abord très modeste, ne cessa de grandir pendant toute la durée de la guerre.

Au début des hostilités, on n'était pas encore fixé sur les services que pouvaient rendre les hydravions ; les événements se chargèrent de montrer le parti qu'on en pouvait tirer.

On se rappelle le raid aérien exécuté sur Wilhelmshafen et Cuxhaven par les Anglais le jour de Noël 1914. Cette opération fournit un exemple remarquable de la forme que peut prendre désormais la reconnaissance des côtes ennemies, grâce au concours des aéroplanes. La répartition des forces ennemies est une des plus importantes préoccupations du commandement, sur terre comme sur mer ; la collaboration du croiseur et de l'hydravion fournit un moyen de reconnaissance parfait. Les croiseurs amènent les appareils jusqu'au voisinage des côtes ennemies, en se tenant hors de vue de terre ; ils leur font prendre leur vol et les recueillent à leur retour ; si quelques-uns manquent à l'appel, le dommage n'est pas grave.

A l'époque où eut lieu ce premier raid, sur les côtes allemandes, les autorités militaires de l'Égypte se préoccupaient des préparatifs que faisaient les Turcs pour attaquer le canal de Suez. Pour être renseigné il fallait survoler les régions de Maan et d'El-Arish[1]. Les avions terrestres avaient alors un trop faible rayon d'action pour atteindre ces deux centres. On eut recours à des hydravions français qui furent embarqués sur des croiseurs anglais (Minerva et Doris) et mis à l'eau, les uns à Akaba[2] (dans la mer

1. Maan est une station du chemin de fer du Hedjaz où l'on supposait que devait s'opérer la concentration des troupes turques ; El-Arish est un port de la Méditerranée, à la frontière turco-égyptienne.

2. Dans une de ces reconnaissances l'hydravion eut une panne de moteur à son retour et dut atterrir à 20 kilomètres de la côte. Il était piloté par le quartier-maître Graal qu'accompagnait un officier anglais en qualité d'observateur. A cause de ses flotteurs, l'appareil capota en touchant le sol ; le pilote fut projeté au loin et s'évanouit, tandis que l'officier anglais restait pris sous l'appareil. Revenu à lui, Graal dégagea l'officier et tous deux se mirent en route pour Akaba ; mais au bout d'une heure Graal qui était fortement contusionné dut s'arrêter. L'officier observateur continua alors seul pour donner le résultat de la reconnaissance. Il arriva à Akaba à 4 heures du soir et embarqua sur la *Minerva*. Le lendemain matin, le croiseur mit sa compagnie de débarquement à terre pour rechercher Graal ; elle revint à bord après avoir battu les environs sans succès. Le soir, à 8 heures, le commandant, désespérant de voir revenir le pilote, appareilla ; mais, au bout d'une heure, il se ravisa, revint au mouillage et fit fouiller le rivage avec les projecteurs. C'est alors qu'on découvrit Graal au bord de la mer. Il était resté 36 heures sans manger.

Une autre fois, un hydro-aéroplane, piloté par le quartier-maître Le Gall dut atterrir dans les marécages de la côte asiatique, à faible distance

Rouge), les autres au large d'El-Arish (dans la Méditerranée). Plus tard, deux vapeurs remplacèrent les croiseurs pour le transport des appareils. Il y eut là une excellente utilisation de l'aviation maritime bien qu'on ne disposât encore que de moyens rudimentaires.

Sur la côte orientale d'Afrique, lorsque le *Kœnigsberg*, traqué par des croiseurs anglais, se réfugia dans la rivière Rufidji, il remonta si haut qu'il fut impossible de le situer. Afin que sa mâture ne révélât pas sa présence, il avait mis à l'extrémité de ses mâts des branches d'arbre qui se confondaient avec la végétation environnante. On fit alors venir du Cap de Bonne Espérance un avion qui le découvrit immédiatement. Des avions furent également utilisés dans les opérations qui aboutirent à la destruction complète du croiseur (juillet 1915).

Tandis que notre bâtiment central de l'aviation, la *Foudre*, avec son hangar à aéroplanes, arraisonnait des bâtiments neutres à l'entrée de l'Adriatique ou du côté de Dédéagatch, l'amirauté anglaise mettait à la disposition de l'escadre alliée des Dardanelles une grande quantité d'appareils dont le concours était presque indispensable pour la reconnaissance des forts et la découverte des mines.

Le commandant de notre escadre de Syrie utilisa aussi les hydravions pour repérer le tir des vaisseaux, lorsqu'il bombarda Gaza en avril 1915.

du canal. Le pilote et l'officier-observateur furent tués par une patrouille de Ghurkas !

Lorsque l'Italie se rangea aux côtés des Alliés, elle n'avait pas encore d'aviation maritime. Les Autrichiens possédaient quelques appareils et ils en tirèrent de sérieux avantages ; profitant de conditions géographiques favorables, ils les employèrent d'une façon intelligente, en liaison avec les flottilles. En plusieurs circonstances, les avions furent employés à éclairer la route des navires pour s'assurer qu'elle était libre, à les préserver des attaques des sous-marins et à pourchasser ceux-ci lorsqu'ils venaient rôder autour des ports. Les premiers bombardements aériens contre les côtes furent également faits par des hydravions autrichiens.

Tels furent les débuts assez modestes de l'aviation maritime ; ils suffirent cependant à montrer la diversité des services qu'on pouvait attendre des flottilles aériennes.

A partir de 1916, le développement que donnait l'Allemagne aux moyens sous-marins (mines et submersibles) détermina un développement analogue des services aéronautiques. Les sous-marins et les mines rendant très dangereuse la navigation des bâtiments de surface, surtout près des côtes ennemies, on substitua les avions aux canons et les bombes aux obus dans les bombardements et l'on a vu au chapitre précédent l'extension considérable que prit ce genre d'opérations. Par ailleurs l'hydravion devenait un moyen de défense contre les sous-marins ; on installa donc le long des côtes des centres aéronautiques d'où partaient les appareils, soit pour découvrir et détruire avec des bombes

les sous-marins signalés, soit pour protéger la navigation des convois à leur entrée et à leur sortie des ports.
Au moment de la signature de l'armistice, il y avait
ainsi des milliers d'hydravions anglais, américains,
français et italiens qui participaient à la guerre navale.

*
* *

Quelle fut la part de la marine française dans ce
déploiement de forces aériennes ?

Au commencement de la guerre, elle fut à peu près
nulle et pour cause : de même qu'il faut un lièvre pour
faire un civet, on ne peut faire d'aviation sans avions.
On a déjà eu maintes fois occasion de montrer que la
marine française est dirigée par une bureaucratie irres-
ponsable ; or le propre d'une bureaucratie est d'être
l'adversaire-née de tout progrès. Au modeste programme qu'avait établi l'auteur en 1910 pour la création d'une aviation maritime — programme qui com-
portait la découverte des sous-marins, le jet des bombes,
l'installation de la T. S. F., l'embarquement des
appareils sur les navires — elle opposa la digue la plus
puissante qui existe, à savoir la force d'inertie. Il arriva
ainsi que, en 1914, après quatre années d'existence
théorique, l'aviation maritime se composait en France
de quelques pilotes et de .... 14 appareils (je dis :
quatorze). C'était vraiment peu et cependant la marine
portait si peu d'intérêt à l'aviation qu'elle trouva que
c'était encore trop. Elle profita de l'occasion que lui

offrait la guerre pour liquider son service aérien. L'aérodrome naval de Fréjus fut fermé, ce qui interdisait de former de nouveaux pilotes ; la *Foudre*, bâtiment central, fut immédiatement désaffectée et attribuée à l'armée navale pour le service des croisières : la plus grande partie des pilotes fut donnée à l'armée. Restaient les 14 aéroplanes qu'il était impossible d'envoyer sur le front de terre ; on les expédia, avec ce qui restait de pilotes, à Nice, Bonifacio et Bizerte qui étaient des centres d'escadrilles projetés.

Au bout de peu de temps, on s'aperçut que, dans ces ports, ils ne servaient à rien. La création des centres répondait à une conception de la guerre navale qui, évidemment, ne se réalisait pas. C'est alors qu'on prit quatre appareils à Nice et à Bonifacio pour les envoyer à Antivari où le ravitaillement du Monténégro commençait à être contrarié par les hydravions autrichiens. Certes, n'auraient-ils servi qu'à paralyser les *quatre* avions de Cattaro qu'ils n'auraient pas été inutiles, à condition d'être renforcés par quelques autres ; mais les appareils autrichiens s'appuyaient sur une base fortifiée, tandis que nous avions débarqué les nôtres dans un port qui n'avait aucune défense et qui recevait journellement la visite des bâtiments ennemis. En cette affaire, la marine avait fait comme le singe de la fable ; elle avait oublié d'allumer sa lanterne ; en sorte que, bombardé le soir même de son débarquement par des torpilleurs ennemis, le centre d'aviation d'Antivari n'eut qu'une existence éphémère.

A ce moment, le gouvernement anglais organisait la défense de l'Égypte et demandait des hydravions pour la défense du canal de Suez. La marine qui ne voyait plus pour elle l'utilisation des appareils qui lui restaient fut heureuse d'accueillir cette demande et elle envoya une escadrille à Port-Saïd où elle rendit des services très appréciés.

Ce qui restait des 14 hydro-aéroplanes était toujours à Bizerte en caisse. Qu'y faisaient-ils ? Rien. Cette situation devenait un peu ridicule. On songea alors à les envoyer à Dunkerque où, perdus dans la masse, ils coopérèrent avec les escadrilles d'avions britanniques. Evidemment on les avait envoyés là parce qu'on ne savait qu'en faire ailleurs ; car, pour survoler les Flandres en partant de Dunkerque, point n'est besoin d'hydravions et la première préoccupation des pilotes fut de substituer des roues aux flotteurs.

Ce fut tout ce que la marine trouva à faire faire à ses avions. C'était véritablement bien peu et rien ne démontre mieux qu'elle ne croyait pas à l'utilité de l'aviation. L'utilisation de cette arme nouvelle choquait cet esprit de routine qui la caractérise.

Les vides créés parmi les pilotes et les appareils ne pouvant être comblés, l'aviation maritime allait s'éteindre doucement lorsque la marine s'aperçut que d'autres en tiraient parti. En voyant la marine britannique donner un grand développement à ses services aéronautiques, elle n'osa pas fermer boutique. On envoya alors quelques pilotes se former dans les écoles ; on commanda quelques appareils, ce qui permit d'en mettre dix à la disposition de l'Italie qui en était totalement dépourvue et ne pouvait rien opposer aux hydravions autrichiens qui se montraient entreprenants.

Puis le commandant en chef de l'armée navale en réclama à son tour ; il les avait utilisés quand il commandait l'escadre de Syrie et s'en était bien trouvé. On envoya alors des embryons d'escadrilles à Corfou, Argostoli, Salonique. Tout cela ne menait pas bien loin. Si nous nous en étions tenus là, nous aurions fait triste figure au milieu de nos Alliés chez lesquels l'aviation devenait un élément important de la guerre navale. Force fut donc à la marine de reconnaître enfin les services que pouvait rendre la nouvelle arme ; mais ce n'est réellement qu'à partir de 1917 qu'elle entra franchement dans la voie tracée par nos Alliés. On aura une idée de l'importance que prirent alors les services de l'aéronautique quand on saura que leur budget devint aussi élevé que celui de la marine entière en 1914.

Cependant notre aviation ne se distingua par aucune création originale. On se contenta d'améliorer les modèles existants ; il est, en particulier, deux questions qu'on n'osa pas affronter : celles des appareils de bord et des appareils à grand rayon d'action.

La nécessité d'augmenter le champ d'action des avions en les transportant à pied d'œuvre sur des bâtiments fut mise en relief par plusieurs opérations, en particulier par l'attaque des hangars de zeppelins de

Tronjhem, dans le Sleswig. L'amirauté anglaise transforma donc un certain nombre de bâtiments pour les consacrer uniquement à porter des appareils. Ce sont ces avions de bord qu'il eût fallu à l'armée navale, pendant les premiers mois de la guerre ; ils lui auraient été fort utiles chaque fois qu'elle pénétrait dans l'Adriatique. Des reconnaissances aériennes lui auraient permis de connaître la répartition des forces ennemies, de repérer les gisements de mines, de déterminer la nature des obstacles qui étaient placés à l'entrée des ports. Le concours de l'aviation aurait donné naissance à bien d'autres opérations ; on aurait pu en particulier attaquer à l'intérieur du port de Cattaro les torpilleurs qui venaient pérodiquement bombarder Antivari et les sous-marins qui lançaient des torpilles contre nos cuirassés et nos croiseurs ; on aurait pu également atteindre la flotte commerciale dont la majeure partie était désarmée à Sebenico. Bien que le besoin d'une aviation de bord se soit ainsi fait sentir, la marine française ne voulut jamais en reconnaître l'utilité ; on crut avoir fait beaucoup en plaçant trois appareils sur un mauvais cargo dans des conditions déplorables ; il y avait loin de là aux croiseurs de bataille et aux grands paquebots transformés en porte-avions par les Anglais.

La marine française n'eut pas non plus des appareils à grand rayon d'action et à grande capacité, analogues à ceux des Anglais, des Américains et des Allemands ; elle ne put ainsi participer à des opérations offensives contre les côtes ennemies ; aucune escadrille française ne contribua aux bombardements de Constantinople malgré la présence d'une escadre française à Moudros.

Nous nous sommes bornés à faire de la défensive autour de nos côtes et de nos bases. Cet effacement peut être attribué à une organisation défectueuse. L'aviation maritime dépendait d'une quantité de bureaux différents, sans liens entre eux, qui n'étaient que des organes de gestion ; elle n'avait pas à sa tête, comme dans toutes les autres marines, un chef pour lui donner une impulsion militaire. Sans doute, parmi les bureaux qui inondaient les centres aéronautiques de dépêches et de circulaires, il y en avait un qui faisait partie de l'État-major général ; mais les escadrilles aériennes, pas plus que les forces navales, ne peuvent être commandées par un bureau. L'aviation maritime était un corps sans tête.

*
* *

Une expérience de plus de quatre années permet de déterminer maintenant le rôle qui revient à l'aviation dans notre organisme maritime.

Les hydravions feront désormais partie intégrante des forces navales au même titre que les navires. Il y aura des escadrilles aériennes comme il y a des escadrilles de torpilleurs, de sous-marins, de patrouilleurs, et elles participeront aux mêmes opérations. Les unes contribueront au service des ports avec les dragueurs,

les arraisonneurs, etc, ; les autres, composées d'appareils plus grands et plus puissants, iront plus loin, jusqu'aux côtes ennemies si possible. Mais lorsque celles-
ci seront trop éloignées et qu'on ne pourra les atteindre
d'un seul vol, les avions seront amenés par des bâtiments dans le voisinage de leur objectif. Il faut donc,
d'une part des navires porte-avions, d'autre part des
appareils spécialement construits pour être logés à bord
avec le moindre encombrement. Le nombre est un
facteur important de l'utilisation de l'aviation : afin
d'augmenter le nombre d'appareils dont disposerait
une force navale sans multiplier les bâtiments porte-
avions, il est désirable que chaque grosse unité ait en
réserve deux unités de l'espèce qu'on logerait comme
des embarcations. Les éclaireurs auront chacun deux
avions de chasse, à grande vitesse, de petit modèle,
destinés à prolonger l'action du bâtiment pour l'éclairage et la reconnaissance. A la bataille du Jutland,
seuls des avions embarqués sur les éclaireurs auraient
pu découvrir que, derrière les croiseurs de bataille
allemands, se trouvait toute la flotte cuirassée de
l'ennemi.

Il y aura donc plusieurs modèles d'appareils, comme
on a des bâtiments de divers types ; mais l'avion de
bord doit particulièrement retenir notre attention,
parce que lui seul permet de prolonger l'action des
bâtiments là où ils ne peuvent aller ; voyons donc ce
qu'il est et ce qu'il pourrait être.

*
* *

La première application de *l'aviation de bord* consista simplement à embarquer des appareils à flotteurs que l'on utilisait en les mettant à la mer d'où ils prenaient leur vol. A leur retour, ils venaient se poser sur l'eau à côté du bâtiment qui les hissait à bord. Mais les opérations aériennes entreprises dans la mer du Nord montrèrent que ce système ne permettait que de rares utilisations de l'aviation parce que la moindre houle ou un léger clapotis empêchait les avions de « décoller ». Par ailleurs, la comparaison avec les avions militaires n'était pas favorable aux hydroplanes; on reprochait à ces derniers d'être beaucoup moins rapides et moins maniables en raison du poids et de l'encombrement des flotteurs.

On en vint alors à appliquer une autre formule. On établit sur des bâtiments spéciaux du plus fort tonnage d'immenses plages permettant le départ et le retour des avions munis de roues. On put voir ainsi d'anciens croiseurs de combat dont les cheminées étaient en abord et sur lesquels courait de bout en bout un immense spardeck libre de tout obstacle.

Cette solution ne paraît pas définitive. On peut en envisager une autre qui ne nécessiterait pas des travaux d'aménagement aussi considérables et permettrait de doter d'avions tous les bâtiments d'un certain tonnage et, en particulier, les croiseurs légers, qui en ont constamment besoin dans leurs missions. Elle consisterait à faire partir les appareils au moyen d'un câble et d'un rail ; à son retour, l'avion viendrait se poser sur l'eau à l'abri du bâtiment pour y être embarqué. On supprimerait ainsi aussi bien les roues que les flotteurs ; les résistances passives seraient diminuées dans des proportions considérables et les hydroplanes atteindraient des vitesses encore inconnues. Le fuselage de l'appareil ressemblerait au corps des oiseaux de mer et tiendrait lieu de flotteur. Il suffirait, pour que l'hélice ne se brisât pas au choc de l'eau au moment de l'amerrissage, de la munir d'un dispositif permettant de lui donner la position horizontale lorsque le moteur serait stoppé.

Lorsqu'un appareil de ce genre aura été réalisé, il constituera déjà un gros progrès. On pourra ensuite étudier le moyen de replier les ailes le long du corps, à la manière des oiseaux, ce qui faciliterait beaucoup la manipulation des appareils.

*
* *

Les dirigeables, en tant qu'instruments de bombardement, ont fait faillite. Dès le début des hostilités, ils durent renoncer à attaquer de jour pour ne pas être détruits par les avions qui sont plus rapides. Les Allemands furent donc forcés de ne les utiliser que la nuit, ce qui leur enlevait une partie de leur efficacité. Ils occasionnaient cependant des dégâts importants, tuaient

des femmes et des enfants, ce qui pour les Germains
est un résultat satisfaisant ; mais lorsqu'un officier de
marine anglais eut trouvé une balle incendiaire qui, au
contact de l'hydrogène, déterminait l'explosion des
ballons, les dirigeables durent cesser leurs incursions
contre les côtes ; ils étaient désormais trop exposés à la
destruction.

On croit généralement que les Zeppelin avaient été
construits par l'Allemagne dans l'unique but de bombarder les villes ennemies. C'est une erreur. Ils furent
également utilisés comme éclaireurs et rendirent comme
tels de très grands services dans la mer du Nord.

Ce sont eux qui ont permis aux croiseurs allemands
de faire sans encombre des raids jusqu'à la côte anglaise,
en s'assurant que la route était libre. Dans la deuxième
partie de la guerre, ils ont toujours opéré avec les
forces navales pour les services de reconnaissance ; ils
ne cessèrent jamais de surveiller les mouvements des
bâtiments ennemis, ce que des croiseurs n'auraient
pu faire sans s'exposer à être attaqués par des forces
supérieures.

En l'état actuel, le dirigeable paraît pouvoir rendre
de grands services comme croiseur aérien. Il est tout
indiqué de les utiliser en liaison avec les forces navales
dans la Méditerranée qu'ils peuvent parcourir en tous
sens. Pendant la paix, ces gigantesques machines pourraient contribuer au service postal entre la France et
les colonies de l'Afrique du Nord, tandis que la Corse
serait desservie par des avions.

Il est inutile de faire remarquer que les dirigeables ont la même efficacité que les aéroplanes contre les sous-marins.

* *
*

Enfin on doit aussi mentionner parmi les moyens aériens le ballon captif, vulgairement désigné sous le nom de saucisse. Sur les grosses unités, il est devenu un organe de conduite du tir si efficace qu'on aura peine à s'en passer ; sur les éclaireurs il augmente considérablement le champ de vision du navire. La saucisse fait donc désormais partie intégrante du bâtiment au même titre que tous les autres organes.

CHAPITRE X

LA MARINE FUTURE

On a cherché dans les chapitres précédents à déterminer les éléments constitutifs d'une marine militaire, tels qu'ils résultent des enseignements de la guerre, sans tenir compte des voies et moyens. Il faut cependant s'en préoccuper et faire tenir nos conclusions dans le cadre des possibilités actuelles.

Les charges écrasantes que nous laisse la guerre ne permettront certainement pas de maintenir le budget de la marine au chiffre qu'il avait atteint en 1914. Ce que sera demain ce budget, on ne peut le savoir tant qu'on ne connaîtra pas notre capacité financière, mais il va subir des réductions considérables et ce n'est pas avec de modestes ressources que, au prix où sont les matières et les traitements, on peut reconstituer une puissante marine sur des bases nouvelles. D'un autre côté, aucun péril immédiat ne menace la France sur mer ; la marine autrichienne a disparu avec l'Autriche elle-même ; l'établissement maritime de l'Allemagne est ruiné pour longtemps ; les seules marines puissantes qui subsistent encore sont nos alliées. Évidemment aucune alliance n'est éternelle, mais les liens qui nous unissent à l'Angleterre, aux États-Unis et à l'Italie ont été cimentés dans le sang et ils ne subiront pas immédiatement l'épreuve du temps. Ces considérations pèseront dans la balance et il est à craindre que, pendant plusieurs années, la marine française ne soit ramenée au rang d'une marine secondaire.

Dès lors une question se pose. Comment allons-nous utiliser nos maigres ressources ? Deux solutions se présentent.

Nous avons essayé de démontrer que les nations qui prétendent à la suprématie maritime ne peuvent se passer de bâtiments de surface parce que, en présence d'une supériorité manifeste, l'ennemi ne peut faire agir que ses sous-marins et c'est avec des bâtiments de surface qu'on paralyse ceux-ci. Au contraire, quand on ne possède pas des moyens suffisants pour disputer l'empire de la mer, on n'a besoin que de sous-marins parce que les bâtiments de surface ne peuvent s'aventurer en mer ; il est alors logique de consacrer toutes ses ressources à augmenter le nombre et la puissance des seuls navires qu'on peut utiliser.

La France, réduite à la portion congrue en matière maritime, adoptera-t-elle la première ou la seconde solution ?

Il n'y a pas d'hésitation à avoir, c'est la première solution qui nous convient. Si la marine française seule ne peut avant quelques années avoir une puissance

imposante, elle peut prétendre à la suprématie maritime
avec la collaboration de ses alliés. Et c'est bien ainsi
que se pose le problème. Nos alliés et nos ennemis
ont été aussi éprouvés que nous, au point de vue
financier ; personne ne pourra donc revenir à l'ancien
état de choses, mais nous sommes sûrs d'avoir à l'avenir la suprématie maritime si nous mettons nos moyens
en commun. Les nouvelles unités que construira la
marine française constitueront les éléments d'une flotte
offensive qui, s'amalgamant avec les flottes de nos
Alliés, composeront une force invincible.

Notre matériel naval doit donc être l'embryon d'une
puissante marine, et c'est ce noyau qui servira de base
à des augmentations successives, lorsque la France,
ayant pansé les plaies de la guerre, pourra consacrer
de nouvelles ressources à sa marine.

*
* *

La flotte de demain sera très différente de celle qui a
fait la guerre. Certaines catégories de navires sont appe-
lées à disparaître ; les autres subiront de profondes trans-
formations. On voudrait que notre marine se distinguât
encore par d'autres particularités, en ce qui concerne la
nature des moteurs et l'aspect extérieur des navires.

On doit tendre désormais, sur tous les bâtiments de
guerre, à substituer le moteur à combustion interne au
moteur à vapeur. Au point de vue militaire les inconvénients de la vapeur sont multiples. Il faut avoir croisé à

la recherche de navires ennemis pour se rendre compte des distances énormes auxquelles on aperçoit une fumée ; or, comme les bâtiments de guerre ont toujours intérêt à voir sans être vus, il faut s'efforcer de leur donner un moteur qui ne décèle pas leur présence longtemps avant que la coque n'apparaisse au-dessus de l'horizon. Par ailleurs. les moteurs à vapeur ont deux organes qui s'usent rapidement et immobilisent périodiquement les bâtiments : les chaudières et les condenseurs. Les moteurs à combustion interne ne font pas de fumée ; ils ne comportent ni chaudières, ni condenseurs ; et s'ils sont aussi lourds, ils sont beaucoup moins encombrants que les moteurs à vapeur ; cette dernière considération est très importante pour l'aménagement des soutes qu'il ne faut plus placer en abord où le choc d'une torpille est susceptible de déterminer l'explosion des munitions. Enfin le combustible liquide facilite les ravitaillements ; c'est un avantage qu'apprécieront particulièrement nos équipages qui ont dû ajouter aux fatigues des longues croisières d'incessants mouvements de charbon.

Il y a déjà plusieurs années que la question des moteurs à combustion interne est posée, non seulement pour les petites unités, mais même pour les cuirassés. On a objecté que la France ne possédait pas de puits de pétrole ; c'est vrai, mais tout en possédant des mines de charbon, elle n'en a pas moins été tributaire des marchés étrangers pendant toute la durée de la guerre. Et puis, est-il certain qu'il n'y ait pas de pétrole en Algérie ? Ne peut-on pas faire du combustible liquide avec de la houille ?

Aucune marine ne paraît avoir attaché d'importance à la silhouette des navires de guerre. Dès qu'on apercevait en mer nos croiseurs et nos unités légères, non seulement on les reconnaissait immédiatement pour des bâtiments de guerre, mais on savait en même temps qu'ils étaient français. Il est cependant évident que tout bâtiment qui est en croisière a intérêt à cacher son identité ; il doit donc être camouflé dans la mesure du possible. Désormais, les bâtiments (à l'exception des sous-marins) qui sont appelés par leur nature même à naviguer isolément, c'est-à-dire les croiseurs et les bâtiments légers, devront avoir l'aspect extérieur d'un cargo ou d'un paquebot. Ils tireront de cette disposition des avantages certains, surtout dans les parages fréquentés par les navires neutres. Évidemment il sera difficile de dissimuler complètement toute l'artillerie des navires qui sont puissamment armés ; mais ce sera déjà beaucoup si on ne l'aperçoit qu'à faible distance, en dedans de la portée efficace des pièces. Il ne faut plus qu'au simple aspect des cheminées on sache qu'on a affaire à un croiseur-cuirassé français de la classe des *Quinet* ou de celle des *Montcalm*.

*
* *

La flotte française ne devra le céder en vitesse à aucune marine étrangère ; car la guerre a mis en relief

l'importance de ce facteur. Ce fut une des conséquences
de la situation. Malgré qu'ils aient eu constamment à
la bouche le mot d'offensive, les Allemands n'ont fait
sur mer que de la défensive. Ceci n'est pas une critique ;
c'est une constatation. Ne voulant pas, en raison de leur
infériorité, risquer des rencontres qui leur auraient occa-
sionné des pertes, ils tentent bien quelques sorties,
mais ils se sauvent à toutes jambes dès qu'ils se croient
dans le voisinage de l'ennemi. Les Anglais, qui recher-
chent au contraire le combat, veulent les rejoindre à
tout prix. En sorte que, d'un côté comme de l'autre,
on est amené à mettre en ligne les unités les plus rapides.

Prenons comme exemple les quatre affaires qui
eurent lieu dans la mer du Nord pendant les huit premiers mois de la guerre (28 août ; 17 octobre 1914 ;
25 décembre ; 24 janvier 1915). On n'y voit figurer
que les noms des bâtiments anglais les plus rapides. Ce
sont d'abord les croiseurs de combat de l'Amiral Beatty :
puis la première escadre légère du commodore Goode-
nough, c'est-à-dire les meilleurs croiseurs légers :
Southampton, Nottingham, Birmingham, Lowestoft. Ce
sont aussi les petits croiseurs de 30 nœuds du nouveau
type *Arethusa* au fur et à mesure de leur entrée en
service. Ce sont enfin les 1re et 3e flottilles, c'est-à-
dire les classes *I* et *L* composées des meilleures unités.
Dans l'affaire du 24 janvier, on voit même paraître une
escadrille de destroyers de la classe M qui vient à peine
de sortir des chantiers.

L'*Arethusa* et l'*Undaunted* méritent une mention

spéciale ; ces deux croiseurs sont de trois affaires sur quatre parce que l'un et l'autre pouvaient donner trente nœuds.

Le rôle de la vitesse ne fut pas moindre dans la bataille du Jutland. Le combat s'est engagé, a été livré et s'est terminé à la vitesse maxima. La flotte allemande quitte sa base à toute allure pour ne pas laisser échapper l'occasion qu'elle escomptait d'attaquer une escadre anglaise avec des forces supérieures. L'escadre des croiseurs de combat anglais marche le plus vite possible pour « doubler » l'escadre de l'Amiral von Hipper ; elle garde ensuite la même vitesse pour se replier sur la grande flotte. La grande flotte anglaise force de vapeur pour secourir ses avant-gardes et participer au combat. Son arrivée ne modifie pas l'allure accélérée de la flotte allemande qui, après avoir couru à toute pression après les avant-gardes anglaises, cherche à échapper tout aussi vite à l'atteinte des *Dreadnought* anglais.

Les bâtiments déjà anciens, et par suite moins rapides, ne participent pas au combat ; mais, du côté allemand, quand sonne l'heure de la retraite, l'escadre des *Pommern* reste en arrière et elle tombe ainsi sous les coups des torpilleurs anglais.

C'est donc une erreur de croire que l'on n'aura besoin d'utiliser la vitesse que pendant un temps relativement court ; on en usera avant, pendant et après le combat ; et cette course désordonnée pourra durer longtemps.

Dans un genre d'opérations différent, le *Gœben* et le *Breslau* ont illustré les avantages de la vitesse ; après avoir échappé aux Anglais dans la mer Méditerranée, ils purent parcourir impunément la mer Noire dans le voisinage immédiat de forces supérieures parce qu'aucun bâtiment russe n'était aussi vite qu'eux.

L'opinion est assez répandue que les sous-marins n'ont pas besoin de vitesse. Il est cependant incontestable qu'ils auraient eu un rendement bien supérieur s'ils avaient pu lutter de vitesse avec les bâtiments de surface qu'ils chassaient.

La vitesse a donc joué un rôle primordial. Ce serait cependant commettre une erreur grave que d'en conclure qu'il faut développer la vitesse au détriment de la force ; car nous constatons qu'on s'en est servi, d'une part pour mettre la force en action, d'autre part pour se soustraire à une supériorité de forces. C'est donc toujours la puissance qui vient en première ligne ; et *il ne peut en être autrement lorsque le but est la destruction de l'adversaire.*

* * *

La marine marchande va prendre maintenant une extension qu'elle n'avait pas avant la guerre. Le dernier conflit a montré à l'évidence la nécessité de ne pas être tributaire de l'étranger pour les transactions maritimes. On escompte actuellement que la marine marchande atteindra 6 millions de tonnes si l'on supprime les entraves qui se sont opposées jusqu'ici à son développement et qui ont été trop souvent signalées pour qu'il soit nécessaire de les rappeler. Dès maintenant, de nouveaux chantiers de construction se créent pour satisfaire à notre besoin de tonnage. D'un autre côté, on a encore présent à l'esprit le concours que la marine marchande a apporté pendant la guerre à la marine militaire.

En réalité, la flotte commerciale et la flotte militaire ne font qu'un. La distinction qu'on a essayé de maintenir entre elles était plus apparente que réelle. Les bâtiments de commerce étaient armés ; ils couraient exactement les mêmes dangers que les navires de guerre ; la guerre a fait autant de victimes sur les uns que sur les autres.

Si l'on sait préparer la marine marchande au rôle qu'elle peut être appelée à jouer en temps de guerre, notre puissance navale dépendra pour une large part de l'importance de notre marine marchande. C'est donc vers cette adaptation de la marine de commerce à nos besoins militaires que doivent tendre nos efforts ; elle exige des dispositions relatives au matériel et au personnel.

Pour ce qui est du matériel, l'épreuve de la guerre nous fournit des indications précises ; quant au personnel, il y a tout un nouveau statut à créer. Les officiers de la marine marchande n'ont fourni à la marine nationale au début de la guerre qu'un nombre insignifiant d'officiers de complément. On exigeait des capitaines au long cours de telles conditions pour être admis dans la réserve de l'armée de mer qu'on semblait vouloir les écarter. Il faut maintenant que tout officier de la marine marchande soit officier de réserve avec un grade équivalent à sa situation, qu'il appartienne au service du pont ou de la machine ; et la qualité d'officier de réserve doit être la condition indispensable de l'obtention du brevet.

Ces dispositions nécessitent des liens étroits et permanents entre la marine militaire et la marine marchande ; on les établira plus facilement en régularisant l'institution des commandants de la marine qui a été créée pendant la guerre dans les ports de commerce.

Puisque la marine assume désormais la charge de la défense des côtes, ces commandants auront sous leur autorité tous les éléments de la défense maritime.

*
*

La marine française dispose de six arsenaux maritimes : quatre dans la Manche et l'Atlantique, deux dans la Méditerranée. On paraissait croire que ces arsenaux seraient seuls à abriter les bâtiments de guerre et à leur servir de base puisque nulle disposition n'avait été prévue pour utiliser dans ce sens les autres ports. Or, tous nos grands ports de commerce, Marseille, Bordeaux, La Palice, Saint-Nazaire, le Havre ont été utilisés comme base par les patrouilleurs et ont véritablement joué le rôle de ports militaires ; quelques-uns, répondant mieux aux nécessités stratégiques, ont été choisis de préférence aux ports de guerre voisins et ont rendu plus de services que ceux-ci qui se trouvèrent réduits au rôle secondaire d'atelier de réparations.

En fait, les seuls arsenaux maritimes dont l'utilité ne puisse être contestée sont ceux qui peuvent recevoir les plus grosses unités ; les autres servent surtout à entretenir un état-major considérable [1] avec son cortège de bureaux, de sections, et d'employés. Cette abondance d'inutilités a contrasté de façon fâcheuse avec le personnel modeste qui entourait les commandants de la marine dans certains ports de commerce dont l'activité maritime était plus considérable.

On satisferait avec usure à tous les besoins militaires en ne conservant comme arsenaux maritimes que Brest et Toulon et en réduisant Bizerte et Cherbourg au rôle de point d'appui. Lorient serait uniquement affecté aux constructions neuves avec un statut analogue à celui de l'établissement d'Indret ; et l'on devrait concentrer à Rochefort tout ce qui est relatif au matériel d'artillerie. La poussée industrielle qui sera une des conséquences de la victoire faciliterait, avec le concours de l'État, la transformation des ateliers et chantiers que la marine n'utiliserait plus.

---

1. Un préfet maritime, un major-général, un commandant du front de mer, un directeur du génie maritime, un directeur de l'intendance, un directeur de l'artillerie, un directeur du service de santé, un directeur du contrôle, tous officiers généraux ; et des sous-directeurs, et un major de la marine, et des chefs de section, et patiti et patata.

*
* *

Concluons. Un fait domine le côté maritime de la guerre : le matériel ne répondait pas aux nécessités militaires. Il faut procéder maintenant à sa reconstitution sur de nouvelles bases.

La tâche est malaisée. Suivant le point de vue auquel on se place, on voit les choses sous un jour différent. Il est très difficile de s'affranchir des traditions, des idées préconçues, des méthodes auxquelles on est accoutumé ; tout cela a un lien avec le matériel. L'habitude de vivre dans un milieu déterminé ne permet pas de discerner qu'il y aurait avantage à ce que ce milieu fût différent. Le meilleur instrument n'est pas celui qui sert le plus souvent lorsqu'on n'en a pas d'autre à sa disposition. Par ailleurs on est enclin à juger de l'importance des faits sur leur fréquence plutôt que sur leurs résultats parce que cette fréquence rend les impressions durables. Cependant, en matière de critique, les événements importent moins que les causes qui les ont engendrés et, pour en tirer des conclusions, il faut s'attacher beaucoup moins à ce qui a été fait qu'à ce qu'il eût fallu faire.

Les innovations — en particulier dans le domaine militaire — vont presque toujours à l'encontre des opinions admises, et il faut souvent un long temps pour les faire admettre. Rappelons-nous l'opposition farouche que rencontra dans la marine l'aviation qui n'a été adoptée que pendant la guerre et à l'imitation de l'Angleterre. Dans cette grave question du matériel, ne nous laissons pas distancer une fois de plus, comme ce fut le cas pour les sous-marins, les bâtiments légers, les croiseurs de bataille. Ne construisons plus de bâtiments qui ne répondent à aucun but défini. Ce serait une détestable méthode de prétendre satisfaire avec des moyens anciens à des nécessités nouvelles. Ne nous attachons pas à ce qui existe ; prenons pour unique guide les besoins militaires. Nous saurons alors quels types de bâtiments il nous faut et les conditions que chacun d'eux doit remplir. C'est en posant le problème aux constructeurs sous cette forme que nous aurons une marine rationnelle.

———————

CHAPITRE XI

LE BILAN
DE LA MARINE FRANÇAISE

La marine française n'était pas prête à la guerre. L'organisation vicieuse de ses services sur laquelle nous nous sommes étendu longuement dans une étude précédente[1] ne permettait pas une préparation méthodique et rationnelle en vue d'un conflit.

Aussi qu'arriva-t-il?

Nos escadres durent faire la guerre sans bâtiments légers; l'aviation était inexistante; les sous-marins se montrèrent très inférieurs à ceux de nos alliés et de nos ennemis et leurs défauts furent cause de la perte de plusieurs d'entre eux; nos torpilles n'étaient pas assez puissantes; il en était de même de nos mines dont le mécanisme était même dangereux. Enfin — et ceci est encore plus grave — dès les premiers coups de canon, des pièces éclatèrent sur la *Justice*, le *Condorcet*, la *Patrie* par suite de fusées défectueuses; l'on

---

1. *L'esprit de la guerre navale* : tome III : L'organisation des forces.

constatait en même temps que les culasses de nos *Dreadnought* se bloquaient après quelques coups tirés.

Certains contesteront qu'il y ait une relation de cause à effet entre ces défauts de matériel et l'administration de la marine. Il est cependant facile de démontrer que ceux-ci dérivent directement de celle-là. Les ingénieurs de la marine ne sont pas **inférieurs** aux autres ingénieurs français ou étrangers ; et la preuve en est que c'est dans la marine que les industries qui fabriquent du matériel naval viennent chercher des techniciens ; mais nos institutions ne permettent pas de les utiliser de façon à tirer parti de leurs qualités. A ce point de vue, les attributions de l'artillerie navale offrent un exemple caractéristique. Ce corps est fournisseur de la Marine puisqu'il lui fournit du matériel ; mais en même temps, par un privilège exorbitant, il a la faculté d'imposer ses produits aux utilisateurs puisque la Direction centrale de l'artillerie est entre ses mains. Il est assez naturel que nos ingénieurs d'artillerie préfèrent leurs conceptions à celles de leurs concurrents ; il ne l'est pas qu'ils puissent nous forcer à prendre des produits inférieurs à ceux des autres fournisseurs.

C'est cependant ce qui arriva et nos obus furent munis d'une fusée dont le fonctionnement n'était pas sûr alors que l'industrie possédait déjà le modèle auquel on eut recours pendant la guerre pour remédier à une situation critique. Si le corps de l'artillerie navale n'était pas privé de l'aiguillon de la concurrence, il produirait aussi bien que l'industrie et s'il ne pouvait nous imposer ses produits, nous n'aurions pas un matériel défectueux. Le système actuel n'offre donc aucune garantie. Le remède est de laisser à ceux qui se servent des armes le choix de leurs moyens d'action. Ce désidératum ne peut être obtenu qu'en opérant une séparation complète entre les services techniques et les services de direction. Les premiers resteront l'apanage exclusif des ingénieurs ; les seconds seront attribués aux utilisateurs qui choisiront les meilleurs tracés et les meilleurs produits, que ceux-ci soient fournis par l'artillerie navale ou par l'industrie.

Il n'y a pas encore bien longtemps que les torpilles et les mines relevaient d'une direction spéciale qui ne s'occupait que des défenses sous-marines. Cette direction était dirigée par un capitaine de vaisseau. Les constructeurs en prirent ombrage, parvinrent à la faire supprimer et se partagèrent ses dépouilles. Les torpilles furent attribuées aux Constructions navales et les mines à l'Artillerie. Etudiées désormais par de simples chefs de bureau et considérées comme accessoires par les deux directions du matériel et de l'artillerie, les questions relatives aux mines et aux torpilles ne furent plus traitées avec l'importance qu'elles méritaient et, en fait, on se contenta de suivre de loin la voie qui était tracée par les marines étrangères. Nous nous sommes trouvés en retard de plusieurs années, et ainsi s'explique que nos mines et nos torpilles aient été inférieures en puissance et en fonctionnement à celles de nos ennemis. Il est même arrivé que le modèle réglementaire de nos mines dut être abandonné pendant la guerre à la suite d'accidents et qu'il fut remplacé par un modèle qu'un de nos ennemis avait acheté à l'industrie avant la guerre et qu'il utilisa contre nous.

Ces deux exemples permettent de se rendre compte des modifications profondes qu'il faudrait apporter à notre administration pour éviter les mécomptes que nous a valu l'organisation actuelle.

*
* *

Dans le domaine des idées, on peut reprocher à la marine de n'avoir pas su s'adapter à la situation. Ce n'est pas que les questions militaires n'aient été étudiées avec une conscience de bon élève, mais on n'en avait retiré que des formules rigides, au lieu d'en saisir l'esprit. Dès le début des hostilités, se manifesta l'opposition entre les idées préconçues et la réalité ; c'est ainsi qu'on voulut appliquer pour le transport du XIXe corps la formule prévue pour un conflit avec l'Italie, qu'on préconisa dans l'Adriatique des opérations qui ne tenaient aucun compte des conditions nouvelles de la guerre, que l'on entreprit avec des moyens insuffisants l'expédition du Mont Lozcen qui tourna à notre confusion.

Survint ensuite la guerre sous-marine qui n'avait pas été escomptée, et la marine se refusa tout d'abord à admettre son existence. Comme conséquence, nos transports de troupes et nos bâtiments de guerre ne furent pas munis de moyens de sauvetage ; nos grosses unités naviguèrent sans précautions suffisantes ; et lorsqu'on se décida enfin tardivement à prendre des mesures de protection, on les appliqua sous une forme qui leur enleva la plus grande partie de leur efficacité.

Mais c'est au sujet des grosses unités que se manifesta avec le plus d'évidence la puissance des traditions, par l'obstination à conserver armés après l'intervention de l'Italie un grand nombre de bâtiments devenus inutiles, tandis que nous manquions de personnel pour les petites unités.

On peut vraiment dire que la marine n'a pas compris l'esprit de la guerre,

*
* *

Cette méconnaissance devait fatalement avoir une répercussion sur les organes de commandement et de direction.

On sait les critiques qu'avait soulevé avant la guerre le statut de l'État-Major Général. On reprochait à ce service d'être chargé d'attributions si diverses qu'il en arrivait à négliger les fonctions pour lesquelles il avait été créé. Le rôle d'un état-major général est de préparer la guerre pendant la paix et de conduire les opérations pendant la guerre. Or il se passa en 1917 un fait qui semblera extraordinaire à ceux qui ne sont pas familiarisés avec les méthodes de la marine. Non seulement l'État-major général conserva une quantité d'attributions dont beaucoup n'ont qu'un caractère administratif, mais on lui retira celle qui était de son essence même, c'est à savoir la direction des opérations maritimes. A partir de 1916, dans les régions où agissait la marine française, l'ennemi ne fit intervenir que des sous-marins ; le soin de paralyser les escadres ennemies dans la mer du Nord et l'Adriatique, incombait à la marine anglaise et à la marine italienne. Pour nous, les opérations maritimes consistaient donc uniquement à organiser la lutte contre les sous-marins et la protection de la navigation commerciale : tâche complexe qui n'était certes pas secondaire, car elle exigeait beaucoup de méthode et de jugement. Or, en 1917, on créa une direction de la guerre sous-marine qui, après avoir dépendu pendant quelques mois de l'État-Major Général, devint complètement autonome. De ce jour, il y eut deux états-majors généraux, l'un qui avait le titre et qui n'était en réalité qu'une direction des intérêts généraux de la marine, l'autre qui en remplissait les fonctions sans en avoir le titre.

Sans doute, c'est le parlement qui a exigé ces modifications dont le département ne voulait pas ; mais la Commission de la marine de guerre n'aurait pas préconisé cette mesure si elle n'avait constaté le mauvais fonctionnement des services de l'État-Major Général ; elle pensa sans doute qu'il valait mieux ne pas bouleverser les services pendant la guerre par une refonte radicale dont les intéressés, n'en reconnaissant pas la nécessité, n'auraient pas compris la portée, et

que mieux valait créer un organe nouveau concentrant
toute son attention sur la conduite de la guerre sans se
laisser absorber par des préoccupations secondaires.
En fait, la mesure a donné de bons résultats et a eu
pour effet de coordonner les efforts. Le besoin crée
l'organe ; mais l'absence de cet organe n'en est pas
moins caractéristique de l'état d'esprit qui régnait dans
les hautes sphères de la marine. Il n'est donc pas
étonnant que les errements de l'administration centrale aient eu un contre-coup sur la conception du
commandement des forces navales.

En Méditerranée, la marine française eut à envisager deux genres de guerre différents : d'abord la
guerre d'escadres, puis la guerre sous-marine. La
première est restée éventuelle ; la seconde a été
effective. Après l'intervention de l'Italie, la guerre
d'escadre passa pour nous à l'arrière-plan ; et à la flotte
italienne incomba l'honneur de paralyser l'escadre
autrichienne. A partir de 1917, la menace que représentait cette escadre diminua encore jusqu'à devenir
presque illusoire par suite de la révolte d'une partie
des équipages et du torpillage du *Szent-Istvan*. La
marine italienne disposait d'ailleurs de forces surabon-
dantes pour y faire face. En revanche la guerre sous-
marine faisait rage ; elle compromettait le ravitaillement
de l'armée d'Orient et nécessitait la mise en œuvre de
moyens nombreux et variés. En dehors de la rade de
Corfou où étaient concentrées nos escadres cuirassées,
désormais inutiles, toute la Méditerranée n'était qu'un

vaste champ de bataille où se livraient journellement
des combats entre sous-marins ennemis et bâtiments
alliés. Exposez cette situation à une personne étrangère
à la marine et demandez-lui à qui incombait la conduite des opérations contre les sous-marins. La réponse
n'est pas douteuse ; elle appartenait au commandement
supérieur des forces alliées en Méditerranée ; c'était son
privilège, voire même sa raison d'être. Mais depuis les
temps les plus reculés, l'idée du commandement fait
corps avec les gros vaisseaux ; le chef marche avec les
escadres de ligne qui constituent le corps de bataille.
Et le jour où les escadres n'eurent plus aucun rôle à
jouer, la marine française ne sut pas s'adapter à la
forme nouvelle qu'avait prise la guerre et s'affranchir
des conceptions anciennes. Elle abandonna la plus
importante de ses prérogatives et ce fut un vice-amiral
anglais qui, par délégation du commandant en chef
français, prit la direction des opérations dans la Méditerranée, tandis que le commandant en chef, par un
retour à d'anciens errements, prenait personnellement
le commandement d'une escadre et s'enfermait pendant
deux années dans la rade de Corfou avec les cuirassés.

Il restait au commandement supérieur des attributions administratives copieuses. C'est certainement une
particularité de la marine française que l'exercice de
l'autorité ne se conçoive pas sans une besogne bureau-
cratique qui accable les états-majors des détails les plus
mesquins et les plus oiseux. L'armée navale dont les
bâtiments couvraient toute la Méditerranée depuis Oran

jusqu'à Port-Saïd était administrée d'après les mêmes
principes et les mêmes règles que l'escadre d'évolutions
de 1880 qui ne comprenait que huit unités. Aujour-
d'hui, comme avant-hier, il faut la signature du commandant en chef pour autoriser deux matelots de pont
à permuter. On s'imagine facilement les pertes de
temps et d'argent qu'occasionne un pareil système.

Il paraît certain que la marine française tenait essen-
tiellement à pouvoir dire que c'était un amiral français
qui avait le commandement supérieur des forces alliées
dans la Méditerranée. Ambition très légitime si elle
avait eu pour but de mettre en valeur des conceptions
militaires. Mais abandonner la réalité et se contenter
de la fiction, c'était faire jouer à notre commandement
un rôle si effacé qu'il frisait le ridicule, et montrer des
vues peu élevées. Il eût beaucoup mieux valu renoncer
à une situation purement honorifique et pouvoir mettre
en relief les qualités de nos marins. Est-ce que la division de l'amiral Guepratte n'aura pas sa page d'histoire,
malgré que son chef fût sous les ordres de l'amiral
anglais de Robeck? Est-ce que la gloire du général Pershing et de ses deux armées sera amoindrie parce qu'ils
obéissaient aux directions du maréchal Foch? On ne
peut que déplorer que la marine française ait préféré
un vain titre à une besogne utile.

* *
*

L'état d'esprit qui régnait dans la marine — et dont

les particularités signalées ci-dessus ne sont qu'une
manifestation — a certainement contribué à l'espèce
de renoncement dont elle a fait preuve devant la forme
imprévue que prit la guerre.

Lorsque les Allemands s'aperçurent qu'ils ne pou
vaient pas tirer parti de leurs bâtiments de surface, ils
changèrent de terrain d'action et transportèrent la lutte
sous l'eau et dans les airs : ils placèrent ainsi les Alliés
en face d'une situation pour laquelle ils n'étaient pas
outillés. Pour réaliser leur dessein, les Allemands ne
reculèrent pas devant la création d'une flotte de sous-
marins dont les dernières unités sont remarquables ;
ils perfectionnèrent leurs zeppelins qui leur permirent
de surveiller tous les mouvements des navires anglais
dans la mer du Nord ; ils ne cessèrent de mettre en
service de nouveaux modèles d'avions ; en même temps,
ils augmentaient la puissance de leurs mines et s'atta-
chaient à les rendre difficiles à draguer.

De son côté l'Angleterre prenait de nouvelles dispositions. Pour aller au plus pressé elle commença d'abord
par entourer de caissons toute une classe de vieux
croiseurs afin de leur permettre de ne pas s'effacer
devant les sous-marins ; elle construisit ensuite une
marine nouvelle comprenant des super-croiseurs et des
monitors munis d'une protection spéciale contre les
torpilles ; puis elle aménagea des bâtiments spécialement destinés à porter un grand nombre d'avions ; elle
dotait ses navires d'un dispositif spécial contre les
mines et, lorsque l'armistice fut signé, elle allait mettre

en service des monitors sous-marins armés d'un canon de 30 centimètres.

Nous n'avons pas fait un effort analogue ; on ne vit naître chez nous aucune idée nouvelle. La marine n'a même pas essayé de tirer parti de ses croiseurs cuirassés qui se sont morfondus sur les rades à ne rien faire pendant que le tonnage faisait défaut. On se contenta d'utiliser les moyens déjà existants et on le fit, en ce qui concerne les patrouilleurs, dans des conditions très discutables. Les perfectionnements de détail qui furent apportés au fonctionnement de certains organes furent dus à l'initiative personnelle des officiers ; mais il a manqué l'impulsion de la tête pour opposer des moyens nouveaux à des méthodes nouvelles. Nos marins ont ainsi été obligés de se servir d'instruments dont le rendement était insuffisant ou mal approprié aux circonstances.

Ils méritaient mieux ; car la marine disposait d'un personnel incomparable. Les marins qui armaient les bâtiments étaient les mêmes qui s'étaient couverts de gloire dans les Flandres et ont écrit une des plus belles pages de l'histoire de cette guerre. Sur mer comme sur terre, à l'eau aussi bien qu'au feu, ils ont fait leur devoir. La navigation était devenue si périlleuse qu'on ne s'embarquait plus sans appréhension. On vit des troupes qui s'étaient vaillamment conduites au feu refuser de s'embarquer ; certains officiers de terre qui avaient maintes fois affronté la mort avec sang-froid à la tête de leurs hommes vivaient à bord dans un perpétuel état de nervosité. C'est que la perspective d'être attaqué par surprise

sans pouvoir se défendre et d'être englouti dans les flots
exerce sur le moral une action plus déprimante que les
combats terrestres. Or, le genre de mort auquel étaient
exposées les troupes pendant la durée d'une seule tra-
versée menaçait continuellement nos marins, aussi
bien ceux de l'État que ceux du commerce. Ils accom-
plirent cependant leur tâche avec bonne humeur.

Les équipages des petites unités y eurent d'autant
plus de mérite qu'on dut leur demander un effort
constant. Ils furent pourtant l'objet de critiques par ce
que l'opinion s'impatientait des pertes que nous faisaient
éprouver les sous-marins et en rendait responsables les
patrouilleurs. Émanant de personnes étrangères à la
marine, ces critiques trouvent une excuse dans les
circonstances qui étaient alors angoissantes ; de la part
d'officiers qui suivaient les événements sans quitter la
terre, de Paris ou d'ailleurs, elles sont injustifiables ; le
moins qu'on puisse en dire est qu'elles révèlent chez
leurs auteurs une singulière méconnaissance des conditions de la guerre sous-marine.

L'histoire anecdotique des patrouilleurs reste à faire ;
elle révélera des actes d'héroïsme et d'abnégation ; elle
montrera le caractère tragique que les sous-marins
ont donné aux hostilités.

Voici, dans cet ordre d'idées, un fait typique : un
convoi traverse la Manche, escorté par des patrouilleurs ; il fait mauvais temps ; pendant la nuit un bruit
sourd se fait entendre ; l'obscurité ne permet pas de se
rendre compte de ce qui se passe ; le lendemain matin

on constate la disparition d'un chalutier d'escorte ; il avait été torpillé et s'était perdu corps et biens [1]. Et combien de dragueurs ont sauté sur les mines en déblayant les abords des ports !

Les officiers qui, par leur attitude à bord, surent maintenir à un niveau élevé le moral des équipages, n'étaient pas seulement des hommes d'action. Dans le domaine des sciences ils ont aussi fait honneur à la marine ; et il est remarquable qu'ils aient presque toujours donné aux problèmes qui se posaient une solution plus pratique et plus complète que les savants professionnels qui travaillaient les mêmes questions [2].

Avec le personnel dont elle disposait, la marine eut pu et dû jouer un rôle moins effacé ; mais les défauts d'organisation dont elle souffrait l'ont empêchée de prendre son essor. Elle vivait dans une atmosphère conventionnelle qui cacha à ses yeux *l'esprit de la guerre* ; et elle fut ainsi impuissante à briser le moule qui lui avait donné une empreinte défectueuse. Il faut maintenant faire pour les services de direction comme pour le matériel : les reconstituer sur des bases différentes. Commençons tout d'abord par créer un état-major général dans le vrai sens du mot. Le titre existe : l'organe fait encore défaut.

1. C'était *l'Eléphant,* commandé par l'enseigne de vaisseau de réserve Roulet.

2. Dans cette étude purement objective, on ne peut entrer dans des détails relatifs aux personnes ; on nous permettra cependant de citer les noms de MM. Le Prieur, Walser, Guiraud, de Bellecize, de Broglie.

CONCLUSION

La guerre a traversé des phases diverses.

Tout d'abord les Allemands négligent la Russie et massent la plus grande partie de leurs forces dans l'Ouest pour accabler la France. La victoire de la Marne nous permet d'arrêter la ruée allemande, mais nos moyens sont insuffisants pour rejeter l'ennemi hors du territoire ; tout ce que nous pouvons faire, c'est de nous accrocher au terrain en attendant que l'armée anglaise se constitue et que nous possédions le matériel qui nous fait défaut. Mais nous manquons de matières premières ; la région industrielle de la France est occupée par l'ennemi ; il faut avoir recours à l'étranger pour compléter notre armement et refaire nos approvisionnements. La suprématie maritime nous permit d'atteindre des jours meilleurs. Si l'intervention de l'Angleterre ne nous avait pas donné cette suprématie, c'en était fait de la France. C'est la suprématie maritime qui l'a sauvée.

La Turquie ayant profité de nos premiers revers pour se déclarer contre les puissances de l'Entente, son intervention détermina la création de trois fronts, en Méso-

potamie, à la frontière égyptienne et aux Dardanelles.
C'est par la mer qu'il fallut amener les centaines de
milliers de soldats qui garnirent ces fronts ; c'est par
la mer qu'on dut apporter à ces soldats d'une façon
incessante le matériel de guerre, les vivres, les approvisionnements de toutes sortes. Si pendant quinze jours
les communications maritimes avaient été interrompues, c'était un désastre.

Le front des Dardanelles n'a pas donné ce qu'on en
attendait ; mais on sait l'influence qu'ont eue sur les
événements les succès des armées de Mésopotamie et de
Palestine. L'importance primordiale de la suprématie
maritime[1] s'affirma donc d'une façon éclatante dans la
lutte contre la Turquie,

Cependant l'Allemagne, ne pouvant enfoncer notre
front, se retourne vers l'Est et attaque la Russie et la
Serbie. C'est le moment que choisit la Bulgarie pour
renier sa dette envers la Russie. Les succès des Allemands et des Austro-Hongrois sur le front russe ont
pour conséquence l'écrasement de la Serbie qui est
attaquée au Nord par les Austro-Allemands et à l'Est
par les Bulgares. A la suite de cette série de revers les
Alliés créent le front de Macédoine. Il présente le même
caractère que les trois fronts turcs ; c'est-à-dire qu'il
est exclusivement maritime. Là encore c'est par la mer

1. L'auteur évite avec soin d'employer l'expression « maîtrise » ou
« empire de la mer » au lieu de « suprématie maritime » ; à partir du
milieu de 1915, les Alliés ne purent plus prétendre à la maîtrise des
mers en raison de l'action des sous-marins, mais ils conservèrent toujours la suprématie maritime.

qu'on alimente de troupes fraîches les effectifs ; c'est par la mer qu'on donne aux soldats les moyens de vivre et de combattre ; il faut envoyer en Macédoine par la voie maritime, non seulement du personnel, des animaux, du matériel, des denrées alimentaires, mais aussi du charbon pour faire marcher les chemin de fer d'Orient et même du bois à brûler pour permettre aux soldats de faire la cuisine. Quelles appréhensions n'a-t-on pas eues pour l'armée d'Orient, au moment où la guerre sous-marine était à son apogée et où l'on craignait pour son ravitaillement ! Mais les Alliés parvinrent à conserver la suprématie maritime : et lorsqu'elle se fut accentuée par l'appoint de plus puissants moyens de défense contre les sous-marins, on put constituer des stocks et ce fut alors l'offensive de septembre 1918 qui fit crouler l'un des piliers de la puissance ennemie.

Entre temps, les colonies allemandes avaient été attaquées par mer et les Alliés s'emparèrent successivement des archipels océaniens, de la colonie de Tsing-Tao, du Togo, du Cameroun, de l'Ouest africain et enfin de l'Est africain. L'Allemagne perdit ainsi tout son empire colonial sans avoir pu y envoyer un seul soldat pendant la guerre parce qu'elle n'était pas maîtresse de la mer.

Dans le premier semestre de 1917 se produisirent deux événements qui eurent une répercussion importante sur la situation générale. Tandis que la Russie abandonnait les Alliés, les États-Unis faisaient cause commune avec eux. Dès lors, l'objectif du gou-

vernement allemand devait être de jeter les troupes qui
opéraient dans l'Est sur le front français afin d'amener
une décision avant l'arrivée des renforts américains.
Par opposition, l'objectif des Alliés allait tendre à
amener le plus rapidement possible en France des
troupes américaines pour arrêter d'abord la poussée
allemande et prendre ensuite l'offensive. Entre ces deux
lignes de conduite opposées, l'avantage était en principe du côté des Allemands ; car l'armée américaine
était inexistante et il fallait d'abord la créer. Heureusement pour nous, l'Allemagne ne crut pas tout d'abord
à l'ampleur de l'effort américain ; elle pensa avoir le
temps d'exploiter ses succès dans l'Est ; elle s'empêtra
en Finlande, en Russie, dans les provinces Baltiques,
en Pologne, en Ukraine et en Roumanie, et elle remit
à 1918 sa grande offensive ; mais lorsque celle-ci se
produisit, l'Amérique avait déjà en France des contin-
gents importants qui contribuèrent à arrêter les Allemands.

Pendant cette dernière phase de la guerre, l'influence de la suprématie maritime apparaît encore plus
nettement. Il ne s'agissait plus en effet de transporter
et d'approvisionner par mer quelques centaines de
milliers d'hommes ; plus de 2 millions de soldats américains étaient en France lorsque l'armistice fit cesser
les hostilités ; et l'on sait le rôle brillant que jouèrent
les deux armées du général Pershing sur la Meuse et
dans le secteur de Saint-Mihiel, pendant les dernières
opérations.

Ce sont bien les armées alliées qui ont remporté la victoire et nul ne leur conteste la gloire qui les immortalisera ; mais il est non moins incontestable que c'est la suprématie maritime qui leur a fourni les moyens de vaincre. Sans cette suprématie, les armées françaises, éprouvées par une lutte meurtrière, auraient été privées du concours de millions d'Anglais et de millions d'Américains ; sans elle, les immenses armées britanniques, américaines, françaises et italiennes n'auraient pu ni vivre, ni combattre ; sans elle, l'Angleterre, la France, l'Italie, n'auraient pu alimenter les usines de guerre et nourrir leur population.

Il y a mieux encore. La victoire des Alliés ne fut pas une victoire ordinaire ; on vit se produire un fait unique dans l'histoire. L'armée allemande, éprouvée il est vrai par quatre mois d'une lutte incessante au cours de laquelle elle avait perdu du terrain, mais gardant encore sa cohésion et *combattant sur le territoire ennemi*, cette armée capitula sans que son front eût été enfoncé ; elle livra au vainqueur son matériel de guerre. Quant à la flotte allemande, non seulement elle était intacte, mais elle était plus puissante qu'au début des hostilités ; cependant cette flotte vint se constituer prisonnière aux mains des Anglais.

Quelle est donc la cause impérieuse qui a forcé l'orgueilleux empire allemand à tomber à genoux aux pieds des vainqueurs sans avoir épuisé tous ses moyens de défense ? C'est le blocus maritime.

Cet apport continuel de matières premières et de denrées alimentaires dont ne pouvaient se passer les Alliés pour nourrir la guerre, l'Allemagne en avait besoin aussi. A un degré moindre toutefois parce qu'elle était très riche en charbon, en minerai de fer et qu'elle pilla impitoyablement les territoires occupés. Mais, à la longue, ses réserves s'épuisèrent ; après avoir enlevé du Nord de la France et de la Belgique tout le cuivre, le fer, la fonte et le zinc qui s'y trouvait, elle entrevit le moment où elle ne pourrait plus alimenter ses usines de guerre. Elle ne paraît pas avoir trouvé en Ukraine et en Roumanie le blé et le bétail qu'elle avait escomptés ; la situation alimentaire était également très inquiétante. L'Allemagne était donc acculée à une impasse. Elle ne pouvait en sortir qu'en imposant la paix à ses ennemis. Mais lorsque, aux offensives infructueuses à la marque Hindenburg-Ludendorff, succédèrent les offensives victorieuses des Alliés, système Foch, les Allemands durent renoncer à l'espoir d'obtenir une décision par les armes. Non seulement l'Allemagne n'avait plus de réserves disponibles pour augmenter ses effectifs ; mais ses complices l'abandonnaient. Les Alliés, au contraire, allaient pouvoir disposer des armées italiennes et des armées d'Orient devenues disponibles par la défection des Bulgares, des Turcs et des Autrichiens, tandis que continuerait l'afflux des soldats américains. Dès lors la situation était irrémédiablement perdue ; les privations dont souffraient depuis longtemps les Allemands allaient empirer rapidement, et ils ne pourraient plus alimenter le front ni en hommes ni en matériel. Force était donc de subir la volonté des vainqueurs, quelles qu'elles fussent. La suprématie maritime qui a créé cette situation sans précédent a donc avancé la fin de la guerre d'une ou de deux années. Et ainsi son influence s'est affirmée du premier jusqu'au dernier jour de la guerre.

Aujourd'hui comme hier, le trident de Neptune est le sceptre du monde.

CHARTRES. — IMPRIMERIE DURAND, RUE FULBERT.